高等院校早期教育（0—3岁）专业系列教材

中国学前教育研究会教师发展专业委员会
婴幼儿照护服务研修基地研究项目

婴幼儿玩教具制作与环境创设

张克顺　金红莲　主编

上海教育出版社
SHANGHAI EDUCATIONAL
PUBLISHING HOUSE

丛书编委会

主　任　郭亦勤　马　梅　缪宏才

副主任　贺永琴　蒋振声　袁　彬

编　委（按姓氏笔画排列）

于　喜　王玉舒　王爱军　王海东　方　玥　叶平枝

任　杰　刘　国　刘金华　苏睿先　李春玉　李鹏桦

张　静　张凤敏　张立华　张会艳　张克顺　张明红

张怡辰　陈恩清　陈穗清　周　蓓　郑健成　赵凤鸣

徐　健　黄国荣　康松玲　董　放　蒋高烈　韩映红

本书编委会

主　编　张克顺　金红莲

副主编　黄　晶　朱　伟　尚洪强　张新琴　张自庆

编　委（按姓氏笔画顺序）

万婉倩　朱　伟　阮茜茜　张自庆　张克顺

张　玮　张新琴　陈昱浇　陈慧慧　尚洪强

金红莲　郭　倩　黄　晶　崔青月　董风巧

总　序

我国"三孩"政策和相应配套与支持措施的实施,必然带来新生人口的增长。在我国学前教育已经取得显著成果之时,人们对 0～3 岁婴幼儿早期教育的需求与期待明显增强。

中国学前教育研究会教师发展专业委员会针对我国托育事业发展状况与趋势,充分认识到国家、社会、家庭对婴幼儿照护的重视与需求必然推进托育事业的大发展,而婴幼儿照护专业人才的培养、培训,建立一支有素质、专业化的早期教育师资队伍就势必成为关键问题。针对我国高专、高职院校 2009 年开始设置早期教育(0～3 岁)专业,并在 2010 年产生第一个早期教育专业点,随之一些高专、高职院校根据社会需求,迅速开办并推进早期教育专业点建设的情况,教师发展专业委员会于 2015 年、2016 年先后召开了早期教育专业建设研讨会、早期教育课程与教材建设推进会,积极组织全国有关专家学者,与已经开设和准备开设早期教育专业的高专、高职院校相关负责人共同深入研究并制定了早期教育(0～3 岁)人才培养方案,组织华东师范大学、北京师范大学、广州大学、天津师范大学、哈尔滨幼儿师范高等专科学校、福建幼儿师范高等专科学校、贵阳幼儿师范高等专科学校等院校和国家卫生健康委员会(原国家卫计委)有关部门的专业人士及学者,组成了早期教育专业课程与教材建设专家委员会,建立了由部分幼高专和卫生、保健、营养等专业人员组成的早期教育专业教材编写委员会领导小组。2017 年开始组织专家、学者、专业人士围绕早期教育(0～3 岁)专业核心课程进行研究,并编写了系列教材,目前已经由上海科技教育出版社出版发行十余种。

2019 年以来,国家加大了对托育事业与婴幼儿照护专业队伍建设的指导与规范。2019 年 5 月《国务院办公厅关于促进 3 岁以下婴幼儿照护服务发展的指导意见》(国办发〔2019〕15 号)颁发。紧接着在 2019 年 5 月 10 日,国务院以"促进 3 岁以下婴幼儿照护服务发展"为主题,召开了政策例行吹风会。教育部办公厅等七部门在《关于教育支持社会服务产业发展提高紧缺人才培养培训质量的意见》中提出,每个省份至少有 1 所本科高校开设托育服务相关专业。2020 年 5 月,国家卫健委出台《婴幼儿辅食添加营养指南》;10 月,中国疾病预防控制中心就婴幼儿喂养有关问题作讲解;同月,教育部回应政协委员关于早期教育和托育人才培养如何破局,提出在中职增设幼儿保育专业、幼儿发展与健康管理专业,指出将继续推动有条件的院校设置早教专业,扩大人才培养规模,推进"1＋X"证书制度试点。国务院办公厅

2020 年 12 月印发《关于促进养老托育服务健康发展的意见》。国家卫健委在 2020 年 10 月 12 日公开向社会征求《托育机构保育指导大纲(试行)》意见的基础上,于 2021 年 1 月 12 日印发了《托育机构保育指导大纲(试行)》(国卫人口发〔2021〕2 号)。各省市也纷纷出台了落实《国务院办公厅关于促进 3 岁以下婴幼儿照护服务发展的指导意见》的实施细则或办法。这些政策与措施极大地推进了我国托育事业和早期教育师资队伍建设。据 2019 年统计,全国高专、高职早期教育专业点有 100 多个,学前教育专业点约 700 个,幼儿发展与健康管理专业点约 250 个。

针对全国院校早期教育专业迫切需要进一步加强专业课程与教材建设的呼声,中国学前教育研究会教师发展专业委员会在早期教育专业启动编写第一批核心课程系列教材并已陆续出版发行的基础上,于 2019 年组织已经开设早期教育类专业的高等院校教师、研究人员,联合国家卫健委系统的卫生、营养、保健、护理、艺术等专业人士,共同启动了早期教育专业第二批实践类、操作类和艺术类教材的编写,由上海教育出版社出版发行。

此次出版的系列教材提供给已经或即将开办早期教育专业的高专、高职院校师生使用,也适用于托育机构教师、早教领域、社区早教管理和工作人员使用,早教类相关专业(如保育、营养与保健、健康管理等)也可以参考和选择使用,同时也可为高校本科、中职与早教相关专业提供参考。由于全国早期教育专业建设与发展存在不平衡,师资队伍力量不均衡,建议根据本院校、本地区实际情况,在早期教育专业人才培养方案的指导下,合理选择确定必修课、必选课、任选课的课程与教材。

从全国来讲,早期教育类专业起步至今仅十余年时间,无论是理论还是实践上,与一些成熟专业相比都存在较大差距。虽然我们从教师发展专业委员会角度力求整合全国最强的力量,给院校早期教育专业建设与发展提供更科学与实用的教材,但是由于教材的一些编者研究深度不够,实践经验不足,能力和水平有限,一些教材不可避免地在某些方面存在问题,请读者批评指正。非常期望在我们推出这两批早期教育专业系列教材的基础上,能有更高水平的专业教材不断产生。

这批教材的主编由高等院校骨干教师和部分省市的骨干医生承担,编者多数来自开办或准备开办早期教育专业的高等院校。在此对他们付出的辛勤劳动与贡献表示衷心感谢!对提供各种支持与帮助的领导、老师、朋友们致以诚挚的谢意!

中国学前教育研究会教师发展专业委员会

叶平枝

2021 年 5 月于广州大学

前　言

婴幼儿玩教具是引导婴幼儿认知世界,培养婴幼儿早期自理意识、行为习惯,提高婴幼儿创造性思维能力的载体。

基于此,由山东省聊城幼儿师范学校张克顺老师主持,苏州幼儿师范高等专科学校金红莲、朱伟,宁夏幼儿师范高等专科学校黄晶,聊城幼儿师范学校学前教育专业骨干教师尚洪强、张玮,浙江省乐清市机关幼儿园园长张新琴及骨干教师万婉倩、阮茜茜、陈慧慧,山东省临清市尚店镇中心幼儿园园长张自庆及骨干教师董风巧、崔青月、陈昱浇、郭倩等组成编委会,联合开发本教材。统稿工作由张克顺、金红莲完成。

本书以婴幼儿玩教具为主要内容,系统阐述了婴幼儿玩教具的基本常识、设计理念、制作实践以及托幼照护环境创设方法,集学前早期教育专业教学、托幼机构活动实践、家庭亲子应用为一体的实用性教材。

本书主要包含婴幼儿玩教具概述、婴幼儿玩教具设计、婴幼儿玩教具制作、婴幼儿照护环境创设等内容,系统、科学地阐述婴幼儿玩教具的概念、特点、分类、价值、设计原则以及纸工类、泥工类、布艺类、木制类、综合材料类等婴幼儿玩教具的设计和制作,引导使用者了解婴幼儿玩教具在婴幼儿生活照护、游戏活动及托幼机构、家庭、社区环境创设中的应用价值。

本教材的适用对象为各类学前及早期教育专业院校大中专学生、托育机构教师、幼儿家长及其他关注自制婴幼儿玩教具的社会读者。

希望本书能给托育照护及保教活动带来一些启示,让学前及早期教育专业的学生有兴趣探究适合婴幼儿照护及游戏活动需要的玩教具,掌握常见类型的婴幼儿玩教具设计制作的基本方法,熟悉婴幼儿照护环境玩教具材料投放基本流程与应用指导策略;同时,让婴幼儿在教师、家长的陪伴与引领下,和同伴们一起享受玩教具收集、制作、游戏的过程,在自制玩教具的陪伴下快乐成长。

本书的编写得到上海教育出版社蒋振声、聊城幼儿师范学校林敬华校长等有关领导的关心与支持,以及诸多婴幼儿家长、幼儿园教师、学前教育专业学生的大力帮助,在此一并致谢!

鉴于编写人员水平所限,书中内容难免会有疏漏之处,敬请各位读者指正,以便及时修订。

编者

2022 年 8 月

目　录

第一章 婴幼儿玩教具概述

捷克教育家夸美纽斯(Johann A. Comenius)认为,玩具可以帮助儿童自寻其乐,并能锻炼身体的健康,精神的活泼,身体各部也因之而灵敏。从古至今,儿童的成长必然伴随玩具的选择。那么,面对市场上纷繁复杂的玩教具产品,什么样的玩教具能陪伴儿童健康成长,使其身心愉悦? 什么样的玩教具蕴含教育价值,遵循儿童发展规律?

第一节 婴幼儿玩教具的概念

时代更迭,玩教具则万变不离其宗,是婴幼儿成长过程中的重要伙伴,为婴幼儿提供感官刺激、动手操作、社会体验等的机会,并对其身心健康发展、认知水平的提高、社会性及情绪情感的发展具有重要教育价值。

一、婴幼儿玩教具的定义

玩具、教具、玩教具,字眼相似,含义却不同。它们伴随儿童的成长,是可以把玩的小物件,是习得本领的小工具,是寓教于乐的教育产物,也是儿童寻求温暖的精神寄托。

追溯历史,"玩具"一词最早出现在汉代王符《潜夫论·浮侈》中,"或作泥车、瓦狗、马骑、倡排,诸戏弄小儿之具以巧诈"。此"具"可理解为逗小孩儿玩的东西。《现代汉语词典》对"玩具"的定义是"专供玩的东西"。这种"东西"不仅包括市面上的各种玩具,也包括吸引儿童游戏的各种生活材料、自然材料、废旧物品等。在婴幼儿眼中,任何物品都可作为玩耍的对象。他们探索触手可及的每样物品,都可变成可玩的玩具。

为区别于自然的、非专门制作的游戏材料,本书将玩具定义为成人专门为儿童制作的供儿童游戏之用的物品。[①]

教具,意指辅助教学使用的器具。《现代汉语词典》将"教具"解释为"教学时用来讲解说

---

① 刘焱.儿童游戏通论[M].北京:北京师范大学出版社,2008:53.

明某事某物的模型、实物、图表和幻灯等的统称"。教具的最大特点是直观性,可以使知识具体化、形象化,能够使学生的具体感知与形象思维相结合,可以提高学生的学习兴趣,是辅助学习科学知识以及进行科技活动不可缺少的器具。[1]

玩教具也就是教育性玩具,属于玩具的一种,与普通玩具的最大区别在于其承载着成人对婴幼儿的教育目的,包含着一定的学习任务,担负着成人对婴幼儿身心发展的多种期许。从玩具的起源来看,玩具从一开始就被人们用作教育和训练的工具。人们创造玩具,不仅仅是为了娱乐儿童,更重要的是为了帮助他们学习和掌握生产和生活的实用技能。对于"教育性玩具"的定义,可从狭义和广义两个层面理解。狭义的教育性玩具是指成人专门设计用于儿童教育活动的玩具,以此作为媒介刺激和促进儿童学习某种概念或技能(如颜色、大小、形状、分类、序列推理、数字、计算、社会角色等);广义的教育性玩具指所有的玩具。

二、婴幼儿的发展特点

游戏是婴幼儿的基本活动,玩具是实现游戏活动的实物载体。婴幼儿的发展离不开游戏,离不开对玩教具的操作。玩教具的选择与使用要以婴幼儿发展特点为依据。

(一) 0—1岁婴儿发展特点

1. 感知觉发展特点

感知觉是个体最早出现的认识过程,也是婴儿认识世界与自我的主要手段,是认知发展的重要基础。感觉是人脑对直接作用于感觉器官的客观事物的个别属性的反映;知觉是人脑对直接作用于感觉器官的客观事物的整体属性反映。[2]

婴儿的视觉、听觉、触觉、嗅觉、味觉在胎儿期便陆续产生。出生2个月的婴儿开始能把视线从一个物体转移至另一个物体;3个月时,婴儿的视线能跟随注视的对象进行左右和上下的移动;5个月时,便可以全方位地追视某一物体。婴儿出生后便有一定程度的视力和颜色视觉,但视力与成人相比较为模糊,最佳注视距离为15—25厘米,颜色视觉也很弱,但对黑白对比色敏感。1个月后,婴儿的视力迅速

图1-1-1 4个月婴儿玩追视游戏

---

[1] 靳桂芳.幼儿园教玩具设计与制作[M].上海:华东师范大学出版社,2014:2.
[2] 周念丽.0—3岁儿童心理发展[M].上海:复旦大学出版社,2017:67.

发展，8个月时，婴儿视力水平约为成人的三分之二。2个月的婴儿对红色特别感兴趣，4个月的婴儿对颜色最敏感，[①]喜欢看鲜艳明亮的颜色，如红色、黄色、蓝色、绿色、橙色等，不喜欢暗淡的颜色。

家长晃动摇铃发出声响时，婴儿会将头转向发出声音的方向，并看向声源位置。出生仅3天的婴儿就表示出对母亲声音的偏好；婴儿4个月时，表现出对自己名字的偏好；婴儿7个月时，便能利用声音判定物体的远近。触觉是所有感觉中最早出现的，也是婴儿认识世界最主要的感觉。婴儿出生后便开始通过口唇吮吸、手指抓握感知物体的物理属性，从而认识世界，并通过成人的抚触、拥抱、亲吻等肢体接触获取情感慰藉。

知觉包括空间知觉和时间知觉。与时间知觉相比，婴儿的空间知觉，如形状知觉、距离知觉发展要快。美国心理学家范茨（Fantz）专门用视觉偏爱的方法研究了婴儿对形状的辨别和偏爱。0—1个月及2个月的婴儿容易关注运动变化的图案，偏爱对比鲜明的图案，更喜欢中等复杂的图案等；2个月以后的婴儿喜欢复杂的和轮廓密度大的图形，如曲线、弧线、对称图形、立体图形等；婴儿3个月时已经有了分辨简单形状的能力；8—9个月开始具有形状恒常性。距离知觉是对同一物体的凹凸程度或不同物体的远近程度的知觉。[②]研究者通过视觉悬崖实验发现，婴儿确有一定的距离知觉；通过视觉悬崖实验发现，6个月甚至年龄更小的婴儿便具有深度知觉。

2. 语言发展特点

0—1岁婴儿语言发展处于前言语阶段，1—3个月婴儿可发出简单的音节，多为单音节。婴儿常在吃饱或睡醒的良好状态下发出愉快的自言自语声音，如"a""o""u"等音。4—6个月的婴儿发音出现明显变化，经常发出连续音节，还可以有语调、语气和音色的变化，此时发出的一些音近似说话，却无实际意义，如"ba‑ba""ge‑ge""ma‑ma"等。7—9个月婴儿可辨别的语音、语调和音色更多，也能懂得成人常用的单词、固定的手势和命令，并会咿咿呀呀发出成人难以听懂的"小儿语"。10—12个月婴儿处于学说话的萌芽期，他们开始理解成人的语言，并能够根据成人的指令用动作和语音做出相应的反应，会发出不同的连续音节，会说出第一个有意义的单词。

3. 动作发展特点

婴幼儿动作发展遵循从整体动作到分化动作、从上部动作到下部动作、从大肌肉动作到小肌肉动作、从无意识动作到有意识动作的规律。

---

① 王明辉.0—3岁婴幼儿认知发展与教育[M].上海：复旦大学出版社，2019：42.
② 周念丽.0—3岁儿童心理发展[M].上海：复旦大学出版社，2017.67.

图1-1-2 9个月婴儿爬行抓球

图1-1-3 7个月婴儿双手拔插塑积木

大肌肉动作方面,0—3个月的婴儿以头部动作发展为主。3个月婴儿俯卧能抬头45度,扶坐时头向前倾,头稍微晃动,不够稳定。4—6个月的婴儿以躯干翻身和坐立动作发展为主,婴儿头部控制更加稳定,俯卧抬头达90度,能翻身至俯卧位,扶站时能主动跳跃,但保持坐姿需要沙发靠背、靠垫或者用手抓握住小床的边缘进行辅助。7—9个月婴儿以发展爬行动作为主,婴儿可独坐并可自如地左右转动身体,俯卧时能以腹部为中心做旋转运动,爬行从匍匐前进过渡到手膝爬行,能扶栏杆站立、拉物站起。10—12个月的婴儿以发展腿和脚的动作为主,从扶栏杆横走到成人拉着一只手走路并能独自站立片刻,从自己扶物行走几步到能够独自站稳并迈开人生中独立的一步,他们逐渐学会甩开物品独立走几步。

精细动作方面,0—3个月的婴儿主要表现出无意识的抓握动作,经常会无意地用手摸身边的被角、妈妈的衣服、玩具等。4—6个月的婴儿能将玩具握在手中较长时间,会迅速伸出手勾或抓眼前的玩具,抓握方式为全掌大把抓握。7—9个月的婴儿开始用手指的力量抓握玩具,并学用拇指与四指共同抓握物体。8—9个月的婴儿可以用拇指和食指对捏物品,会用传递、摇、敲等多种方法玩玩具。10—12个月的婴儿能用拇指与食指对指抓取小物品,会笨拙地主动松开、放下或扔掉手中的玩具,会灵巧地钳式捏起小丸,一手能同时抓握2—3个小物品,会轻轻地抛球。[①]

4. 社会性及情绪情感发展特点

研究表明,0—3岁是社会交往发展的启蒙时期,特别是当婴幼儿学会行走,活动范围日渐

① 文颐,王萍.0—3岁婴幼儿保育与教育[M].北京:科学出版社,2017:54.

扩大后,社会交往的需要也就越来越多。0—6个月,婴儿主要通过哭、笑,以及肢体动作和一些表情对外界做出反应。两周的新生儿就能区别出母亲和别人的心跳不同。3个月左右的婴儿就能发出声音,并出现婴儿式的"迷人的微笑",从而激发他人的好感。[①] 6个月婴儿开始能明显地区分出熟悉与不熟悉的人,在和母亲相处时会更加愉快,会出现陌生人焦虑的现象。

(二)1—2岁幼儿发展特点

1. 认知发展特点

1—2岁幼儿对生活中各种事物都表现得好奇、爱探索。他们思维活跃,会富有创造性地探究一种行为或探索一件物品。比如,当他用手敲击音乐电子鼓发出声响后,他会再尝试通过脚、膝盖、屁股甚至借助其他物品敲击鼓面,使其发出声响。他们对象征性游戏感兴趣,但只会利用现实的物品或仿真玩具进行游戏,想象出来的游戏情境受玩具特征局限,比如用玩具电话打电话,用切切乐玩具玩切蔬菜游戏。他们对颜色的认知水平逐渐提高,2岁左右的幼儿已经能认识一些颜色,如红色、黄色、蓝色、绿色等基本颜色。他们的时间知觉也从

图1-1-4　1岁7个月幼儿喜欢黄色积木

刚出生时的无意识、不自觉,发展到会模仿成人说一些常用的表示时间的词语,但对这些词语的意义不太理解。比如,2岁左右的幼儿在听到成人喊吃饭时,会一边说"马上就来",一边若无其事地继续玩耍。

2. 语言发展特点

1—2岁是幼儿语言的发生阶段。此阶段的幼儿由咿呀发声逐渐发展到能说出有现实意义的词语。1—1.5岁幼儿主要表现出"以词代句"的语言特点,幼儿说的一个词往往可以用来表达许多不同的含义,主要以名词和动词为主,且发音不准。例如"妈妈"不再简单指人称代词,有可能表示"妈妈抱""想妈妈""妈妈在哪里"等,需要成人结合幼儿当时所处的环境以及幼儿的手势、表情、动作等相关情境判断其具体含义。1.5—2岁是幼儿语言快速发展的时期,词汇量爆发,从大约50个扩展到400个。同时,幼儿对词汇的理解能力也有所提升,并能够将两个词语结合起来表达自己的需求,如表现为"戴帽帽""喝奶奶""爸爸班班"等电报句式。

① 钱文.0—3岁儿童社会性发展与教育[M].上海:华东师范大学出版社,2019:34.

3. 动作发展特点

大动作方面,1岁左右的幼儿大动作发展最典型的特点就是走,从独立站—扶走—推物行走—独走。1岁半左右,幼儿可以自如行走,会举手过肩扔球,会拉着玩具倒退着走,会自己扶栏杆上楼梯。2岁左右,他们不仅能走得稳,跑得也很好,会双脚离地跳跃,会独自上下楼梯,会扔球,会踢球。精细动作方面表现出绘画敏感期特征,他们能以肩为轴心大把抓握笔自由涂鸦,墨迹常常超出纸面,线条杂乱生涩;此时他们也会用勺取碗中食物,能稳稳地拿住茶杯。2岁左右,他们能垒6—7块积木,能一页一页地翻书,能模仿画出垂直线条,并以肩和肘流畅地协调运动画出螺旋线。

4. 社会性及情绪情感发展特点

1—1.5岁,幼儿自我意识萌发,1.5岁以后,开始用"娃娃"或姓名称呼自己。此阶段,当母亲做别的事情需要离开一段时间或一段距离时,幼儿会表现出理解,而不会大哭大闹,可以自己较快乐地独自玩耍一会儿。在同伴交往方面,此阶段处于简单交往阶段,主要以玩具和物品操作为媒介展开,幼儿会对同伴表现出经常的注视、身体接触、互相对笑、咿呀说话、相互给取玩具等行为动作。一项关于研究2岁幼儿同伴社会性游戏发展的研究发现,在幼儿直接参与的交往中,出现频率最高的几个行为都与玩具有关,如提供玩具、接受玩具、拿走玩具、分享玩具、抢夺玩具等。[①]

图1-1-5 1岁10个月的幼儿争夺摩托车

(三) 2—3岁幼儿发展特点

1. 认知发展特点

2岁以后是儿童思维发展的准备期。皮亚杰(Jean Piaget)的儿童认知发展理论将2—7岁划分为前运算阶段,儿童形成的关于客观事物的概念是具体的、动作的,儿童出现了象征性思维能力,开始运用象征性符号进行思维。与2岁前的象征性游戏相比,2岁以后开始可以用一些现实程度较小的物品来玩象征性游戏,如将电视插头当作电话,将厨房中的漏勺当作面具。2—3岁幼儿能认清基本颜色,并能说出一些颜色的名称,偏爱暖色,但对同一类颜

---

① 钱文. 0—3岁儿童社会性发展与教育[M].上海:华东师范大学出版社,2019:50.

色难以辨别,如蓝和天蓝,绿和浅绿;开始形成初步的时间概念,但多与他们具体的生活事件相联系,如对"早晨"的理解就是太阳出来了,天亮的时候。对"晚上"的理解就是月亮和星星出来了,天黑的时候。

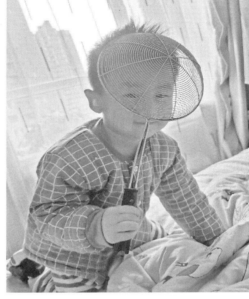

图1-1-6　2岁1个月幼儿扮演外卖员　　　　图1-1-7　2岁2个月幼儿的面具

2. 语言发展特点

2—3岁是幼儿语言发展的高峰期。此阶段幼儿基本上能理解成人所有的句子,能运用多词句、简单句。25—27个月左右开始出现三词句,28—30个月左右出现四词句,有个别的幼儿还会出现五词句、六词句。[①] 在语言表达中,幼儿使用的完整句式增加,并能说出一些简单的复杂句,但大多不是完整的复合句;比较突出的是疑问句的出现逐渐增多,"为什么"成为幼儿的口头语。

3. 动作发展特点

2岁以后幼儿的动作发展逐渐趋于熟练、复杂、精确。大肌肉动作方面,幼儿能双脚离地跳远,会单脚站立并支撑1—5秒钟,会两脚交替上下楼梯,会双脚从末级台阶跳下,会骑平衡车、滑步车、小三轮车并控制方向等。精细动作方面,在成人的帮助及日常的模仿练习中,逐渐会自主进餐、洗手、刷牙、剥鸡蛋、穿脱鞋袜等。此外,涂鸦中,幼儿能够画出单独的、有始有终的一根线条,能画出封闭的曲线,并出现了涂色现象,但涂的色块往往不均匀,空隙大,容易超出涂色边界。

---

① 张明红.0—3岁儿童语言发展与教育[M].上海:华东师范大学出版社,2017:89.

图1-1-8　2岁6个月幼儿与同伴进行滑步车比赛　　　图1-1-9　2岁11个月幼儿与同伴合作搬运

4. 社会性及情绪情感发展特点

2岁以后，伴随着动作发展水平和语言表达能力的提升，幼儿的活动范围扩大，自我意识增强，越来越喜欢与同伴交往，并产生最初的友谊，在进行合作性游戏中，能围绕一个游戏主题或任务目标相互配合，并且将合作范围从两人合作发展到三四人甚至更多人之间的合作，如几个小伙伴一起玩传球游戏。

三、婴幼儿玩教具的特点

基于0—3岁婴幼儿各年龄段发展特点，0—3岁婴幼儿玩教具应具有以下特点。

（一）富于感官刺激，对比鲜明

基于感知觉在0—3岁婴幼儿身心发展中的重要作用，适合婴幼儿的玩教具应具备较强的感官刺激，且刺激鲜明，具体来说，就是要有形象、有色彩、有声响、有触感。

供婴幼儿使用的玩教具要有形象，形象可以是具体的或抽象的，是夸张的或幽默的。形象具体的玩教具能使婴幼儿对大自然、社会及生活中常见的各类事物在形象上有一个整体的、正确的认识，如仿真蔬菜水果玩具、仿真厨房玩具、仿真交通工具玩具等。形象抽象的玩教具易于激发婴幼儿的创造和想象，刺激他们动手操作、思考探究，如沙、水、橡皮泥、纸张等低结构玩具。形象夸张幽默的玩教具，如母鸡下蛋、小丑礼盒、弹簧青蛙等，能吸引婴幼儿的注意力，给婴幼儿带来愉快情绪的同时，促进其对玩教具结构、功能及

图1-1-10　咬彩色牙胶

价值的进一步认识。

供婴幼儿使用的玩教具要有色彩,且颜色对比鲜明。由于婴幼儿喜欢看鲜艳明亮的颜色,因此为0—3岁婴幼儿选择的玩教具要具有颜色鲜亮活泼的特点。依据不同月龄婴幼儿颜色知觉的发展特点,提供的玩教具颜色要有针对性。例如,婴儿刚出生时,颜色视觉很弱,偏爱黑白两色对比强烈的图案,可提供类似黑白卡片这样的玩教具,促进视觉发展。3个月的婴儿对红色特别感兴趣,可提供红色及色彩明快的吊挂类玩具供婴儿追视和抓握。4个月以后,随着婴儿颜色感知能力的提高,可提供颜色鲜艳明亮的摇响类玩具、小型捏压玩具、吊挂类玩具等。

供婴幼儿使用的玩具要有声响,声响与玩教具形象相匹配,声音类型丰富,音色差异明显,音量适中,节奏声音明确。通过玩教具发出声响,引导婴幼儿感知分辨声音,感受节奏、节拍等,进行音乐启蒙。满足以上特点的玩教具以音乐游戏玩教具为主,如八音盒、玩具钢琴、铃鼓、沙锤等。为了提高婴幼儿的认知能力,很多社会性玩具也配有相应的声响,如消防车玩具配有消防车鸣笛的声音,动物玩具配有相应的动物叫声等。

供婴幼儿使用的玩具要有触感。触觉是婴幼儿最先获得的感觉,触觉对个体的发展至关重要。0—3岁婴幼儿的触觉主要表现为口腔触觉和手的触觉。为满足婴幼儿生长过程中触觉发展的需要,玩教具的设计在材料选择和形象设计上都要考虑触觉刺激。为满足婴儿口腔触觉的刺激需求,可提供牙胶、磨牙棒、可啃咬的摇铃等。这类玩具的表面附有凸点或凹凸纹路,可充分为婴儿口腔提供触觉刺激。为满足婴儿手的触觉刺激需求,可提供不同材质的玩具,让婴儿在把玩时感受不同材质带来的不同触感,如木制玩具、塑料玩具、布绒玩具、金属玩具等,婴儿从中体验到光滑与粗糙、柔软与坚硬、温暖与冰凉等不同感受。

(二)易于操作,寓教于乐

依据0—3岁婴幼儿动作发展特点,为满足各年龄段婴幼儿的动作发展需求,玩教具要具有易于操作、寓教于乐的特点。玩教具的易于操作特点主要表现为结构与功能简单,在成人的示范和引导下,婴幼儿便可自行操作;玩教具的寓教于乐特点主要表现在玩法与功能上,玩法灵活,教育功能多样,能在婴幼儿动手操作或身体其他

图1-1-11　脚蹬钢琴健身架

部位感知的基础上，达到认知、语言、社会性及情绪情感等多方面的发展。当然，这有赖于家长和教师对婴幼儿的引导。例如，脚蹬钢琴健身架玩具主要适用于0—6个月婴儿，其结构简单，分为坐垫、悬挂架和键盘三部分，婴儿躺在坐垫上，家长逗引婴儿，使其抬手抓、握、拽、拉悬挂架上的挂件玩具发出清脆的响铃声，抬腿伸屈膝盖、蹬脚踢中键盘上的琴键可以发出美妙的音符声。婴儿在玩耍过程中，腿部大肌肉和手部精细动作得到锻炼，在自主感受响铃声、音符声的过程中，完成对声音听辨的感知，对鲜艳色彩的感知，达到身心愉悦的感受。

（三）健康安全，耐打耐摔

0—3岁婴幼儿好奇、好动、爱探索，随着他们身体活动能力的提升，活动范围的扩大，动作水平的提高，预想不到的安全隐患逐渐增多。"安全第一"成为婴幼儿玩教具设计制作与家长选择中首先考虑的因素。《国家玩具安全技术规范》对各类玩教具作出了安全标准规定，并且我国各类玩教具采用"CCC"认证，以此为婴幼儿创设健康安全的成长环境。例如，为婴儿设计的牙胶采用食品级硅胶材质，无毒、无味、无污染，耐高温，可水煮消毒；为婴幼儿设计的玩具造型要求无棱角，没有易脱落的零件，零部件直径不小于4厘米，材质安全无毒。另外，结合0—3岁婴幼儿动作发展的特点，婴幼儿玩教具应具备耐打耐摔的特点。婴幼儿在各类大动作及精细动作发展的敏感期，主要通过操作玩教具满足自身动作的发展需求，以重复练习为主，常常一组动作反复做。例如，在投掷敏感期，婴幼儿会拿起身边触手可及的一切物品，反复扔捡，并乐此不疲。针对此种现象，家长可为婴幼儿选择可供其扔捡的球类玩具以满足其需求，促进婴幼儿投掷能力的发展。

第二节　婴幼儿玩教具的类型

从玩教具出现至今，伴随社会发展、文化传承、科技创新，玩具的种类日益丰富。已有学者对玩具进行分类。

一、玩具的分类

结合已有学者对玩具的研究，一般可将玩具按照功能进行分类，按照材料进行分类，按照形态进行分类。

（一）按功能分类

按照玩具的功能分类，一般将玩具分为认知类、社会性、运动类、语言类和科学类。

1. 认知类玩具

认知是婴幼儿对客观世界的认识活动，婴幼儿认知发展的过程就是对事物信息进行加工处理的过程，在这个过程中，婴幼儿的认知水平由简单到复杂，由单一到多样，由个别到整体，由具体到抽象。满足婴幼儿认知发展的玩教具一般可促进婴幼儿感知觉、注意、记忆、思维能力的发展，因而也常被称为益智玩具。这类玩具包括数字玩具、纸牌玩具、拼图玩具、操作性玩具等种类。例如，数字玩具有数字镶嵌板、时钟认知玩教具、蒙氏数学教具、天平等；纸牌玩具有动物扑克牌、多米诺接龙纸牌、对对碰卡片、水果接龙纸牌等；拼图玩具有纸板认知拼图、木制镶嵌拼图、磁铁拼图、积木拼图等；操作性玩具有穿珠玩具、积木、套叠玩具、拼插玩具等。

图 1-2-1　拼图板

图 1-2-2　木制积木

2. 社会性玩具

社会性玩具仿真度较高，能形象准确地反映出事物的基本外在属性和功能特点，并被赋予一定主题，主要包括娃娃、动物毛绒玩具、娃娃家游戏玩具、医院主题玩具、厨房主题玩具、各类交通工具玩具等。通过这类玩具，婴幼儿能获得相应的社会角色经验，加深对成人世界、对社会、对生活的认识，提升语言沟通、表达创造、互动合作的社会交往能力，学习情绪情感的表达与控制。

图 1-2-3　厨房主题玩具

3. 运动类玩具

运动类玩具主要是指以发展婴幼儿大肌肉运动,促进全身协调运动的玩具,包括刺激爬行的玩具,如阳光隧道、钻圈、拱门、攀爬架等;刺激身体摇晃摆荡的玩具,如秋千、大陀螺、跷跷板、旋转座椅等;刺激上肢运动的玩具,如竹蜻蜓、飞碟、飞镖、飞机等;刺激下肢运动的玩具,如自行车、滑步车、滑板、手推车、拖拉玩具等;还有球类玩具、滑梯组合玩具等。

图 1-2-4　旋转攀登架　　　　　　　　图 1-2-5　旋转滑梯

4. 语言类玩具

语言类玩具是指培养婴幼儿听、说、读的能力的玩具。它对婴幼儿学习正确发音,学习说话和语言交往有很大意义。[①] 语言类玩具包括:听辨语音的玩具,如早教机、带有音响的动物和人物玩具、动感声音游戏组合玩具等;语言发声玩具,如手偶和指偶玩具、影子戏玩具等;早期阅读材料,如黑白卡片、布书、洞洞书、折页书、立体书、贴纸书等。

5. 科学类玩具

科学类玩具是指利用光、声、电、太阳能、激光、蒸汽、水力、空气压力等为动力的玩具。通过这类玩具蕴含的科学原理,激发婴幼儿的好奇心、求知欲;通过观察、操作,让婴幼儿感知物理、化学及大自然等科学现象的奥秘,获得与日常生活相关的基本的科学知识。例如,

---

① 陈雅芳,王颖蕙.0—3岁儿童玩具与游戏[M].上海:复旦大学出版社,2014:21.

图1-2-6　黑白卡片

图1-2-7　洞洞书

图1-2-8　地球仪

图1-2-9　万花筒

　　科学小实验套装玩具组合、儿童光学实验箱、色彩认知过滤板、儿童望远镜、儿童显微镜、手电筒、万花筒、天体太阳系模型、地球仪、智能机器人、太阳能汽车等。

　　（二）按材料分类

　　按玩具制作的材料划分，既包括传统的泥、木、竹、石、面等天然材料制作的玩具，也包括融合现代工艺技术及高科技材料如金属、塑料、硅胶等制作的玩具。目前，以婴幼儿为主体的玩具主要以木制玩具、塑料玩具和布绒玩具为主。

　　1. 木制玩具

　　木制玩具是指由木质材料设计制作的供儿童玩耍的玩具。这类玩具在塑料玩具出现之前，一直是婴幼儿玩具中的主要类别。木制玩具采用天然可再生的木质材料制成，环保性较其他玩具材料高很多，且玩具结构直观，结实坚固，适合婴幼儿把玩。

图 1-2-10　木制陀螺　　　　　　　　　　图 1-2-11　木制切切乐

2. 塑料玩具

随着石油工业的发展,塑料玩具开始广泛应用,目前已经成为玩具市场的主流产品。[①]与其他材质的玩具相比,塑料玩具具有易成型,易着色,易保存,价位低,重量轻等特点,但环保性较差。

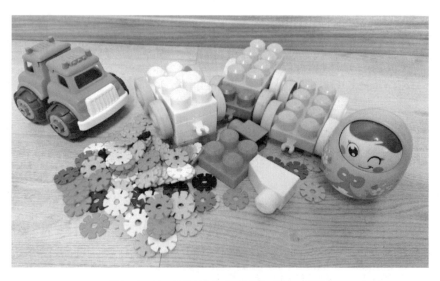

图 1-2-12　塑料制的汽车、雪花片、积木、不倒翁

3. 布绒玩具

布绒玩具主要采用各种布料、绒毛面料制成,一般多制作成仿真动物、人物,以及卡通形

---

① 靳桂芳.幼儿园教玩具设计与制作[M].上海:华东师范大学出版社,2018:110.

象、吊挂类玩具、布书、装饰品等。由于这类玩具内部常常填塞泡沫粒子、PP棉、天鹅绒、豆谷等,也被称作填充玩具。布绒玩具具有娱乐性、装饰性、安全性、交互性、刺激性和启智性等特点。[①] 婴幼儿在玩耍时可有各种不同的玩法,也可将其作为睡眠安抚玩具。其柔软的质地和可爱的外形常常给予婴幼儿温暖和安全感,使其身心放松,快速入睡。

图 1-2-13　布绒玩具

4. 金属玩具

金属玩具一般采用铁、铜、铝、合金等材料制成。这类玩具主要有合金汽车模型、钢铁机器人模型、铁皮拉线陀螺等。金属玩具的典型代表是铁制发条玩具,如发条青蛙、发条机械火车、弹跳公鸡等。

图 1-2-14　金属玩具车

---

①　靳桂芳.幼儿园教玩具设计与制作[M].上海:华东师范大学出版社,2018:163.

5. 纸制玩具

纸制玩具就是以各种类型的纸张作为材料制作的玩具。纸制玩具有绿色安全,廉价易得,可塑性强,易创作等特点。常见的纸制玩具有风筝、风车、纸花、纸制拼图玩具等。根据制作工艺手法的不同,常见的纸制玩具大致可以分为:剪纸玩具(剪、刻),折纸玩具(折、粘、插),拼插纸模型,拼图(拼),卷纸玩具等。[①]

图 1-2-15　拼插纸灯笼　　　　　　　　图 1-2-16　纸箱恐龙

6. 其他材料玩具

其他材料玩具包括泥制玩具、陶瓷玩具、石头玩具、玻璃玩具、搪塑玩具、软陶泥玩具、太空沙玩具等。泥制玩具可追溯至玩具的起源,早期的泥制玩具是由手工捏制而成,随后逐渐出现了模制的泥塑玩具。典型的泥制玩具有彩塑、泥人等。陶瓷玩具自古以来流传甚广,一般题材为动物、人物和生活器具,主要的瓷类有青瓷、白瓷、各种釉瓷、唐三彩等。而搪塑玩具、软陶泥玩具、太空沙玩具等是由现代新型材料制成的玩具。搪塑玩具是一种注塑成型的中空类玩具,多表现各种卡通形象。软陶泥玩具、太空沙玩具一般无具体造型,无限制玩法,儿童可充分发挥自己的想象力自由创造各种主题和造型,锻炼手眼脑协调性。

(三)按形态结构分类

根据玩具自身的内部结构,玩具可分为静态玩具、机动玩具、电子玩具、智能玩具。

---

① 靳桂芳.幼儿园教玩具设计与制作[M].上海:华东师范大学出版社,2018:214.

1. 静态玩具

静态玩具是指内部没有动力元件，没有动作结构，不能产生任何动作的玩具。[①] 这类玩具有填充玩具、充气玩具、场景玩具、各种模型、玩偶等。

图 1-2-17　填充玩具

图 1-2-18　充气玩具

2. 机动玩具

机动玩具也称为机械玩具，这类玩具内部含有动力部件和机械机构，依靠动力部件驱动机械机构运动，使玩具产生各种各样的动作。根据玩具内部不同的动力元件，可分为惯性玩具、发条玩具、电动玩具。[②]

图 1-2-19　电动汽车

图 1-2-20　无线遥控赛车

3. 电子玩具

电子玩具指利用各种电子技术，通过一定的控制方式实现动作、发声、发光等的玩具。这类

---

①② 靳桂芳.幼儿园教玩具设计与制作[M].上海：华东师范大学出版社,2018：14.

玩具包括各种电控类玩具（通过各种电子敏感元件实现玩具动作的控制），如声控、光控、无线电遥控等；电声类玩具，如电子乐器、电子拟音玩具；还有游戏机、儿童早教机等。①

4. 智能玩具

智能玩具指运用人工智能手段，集高科技、娱乐性、教育性于一体的高科技玩具。这类玩具不仅为消费者带来新鲜感，满足儿童的好奇心，还能激发儿童的求知欲，提升他们的学习兴趣。这类玩具有语音识别娃娃、能跳舞的机器人、智能狗、与手机和电脑互动的玩具等。②

图1-2-21　智能机器狗

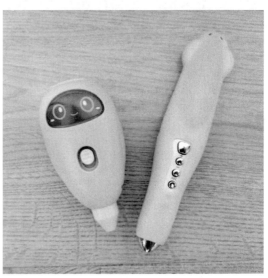

图1-2-22　智能点读笔

二、常见婴幼儿玩教具类型

根据0—3岁婴幼儿生长发育特点，常见的婴幼儿玩教具主要集中在布绒玩教具、木制玩教具、塑胶玩教具、泥制玩教具及综合材料玩教具这五种类型。

（一）布绒玩教具

针对0—3岁婴幼儿的布绒玩教具主要以多种形象的填充玩具、布制吊挂玩具、布书等为主。婴幼儿在抓、摸、搂、抱布绒填充玩具时，感受不同质地的布绒带来的不同触觉刺激。另外，布绒玩教具对婴幼儿情绪稳定、身体放松有一定的安抚作用，有利于婴幼儿建立安全感。

---

①② 靳桂芳.幼儿园教玩具设计与制作［M］.上海：华东师范大学出版社,2018：15.

布制吊挂玩具样式多变、颜色鲜艳，能吸引婴幼儿的目光，促进婴幼儿视觉注视、追视能力和抓握能力的发展。

布书主题丰富，造型直观，面料耐撕扯，可高温煮洗消毒，内部配有响纸、响铃等发声小配件，可吸引婴幼儿抓一抓、捏一捏、翻一翻，帮助婴幼儿通过多种感官感知世界。

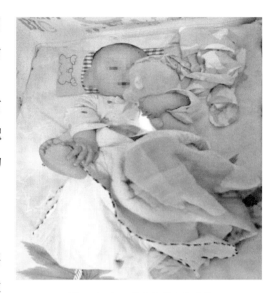

图1-2-23　婴儿抱着布绒玩具

（二）木制玩教具

在0—3岁婴幼儿阶段，木制玩教具主要以音响类玩教具、益智类玩教具、建构类玩教具、运动类玩教具为主，在对婴幼儿进行感官刺激的同时，促进其认知水平的提升以及创造力和想象力和四肢协调性、手部精细动作的发展。

音响类玩教具，包括拨浪鼓、手鼓、节奏棒、沙锤、木琴等。当成人引导婴幼儿抓、拍、锤、敲时，这些玩教具会发出不同音色的声音和多种节奏，促进婴幼儿听辨声音、感知节奏、手眼协调能力的提升。

图1-2-24　木制钓鱼嵌板

益智类玩教具包括木制形状盒、益智拼图板、形状数字镶嵌板、七巧板、多功能串珠百宝箱、木制磁性迷宫走珠等。例如，木制形状盒由形状镂空的木盒与对应的多个形状积木构成，婴幼儿可以感知形状与颜色，锻炼抓放动作，提高配对能力。

建构类玩教具除国际标准大小的木制积木外，还有拱形彩虹积木、多功能螺母组合拆装座椅、齿轮拼装积木、仙人球拼插积木等。婴幼儿在感知积木坚硬质地和鲜艳颜色的同时，通过拿放、堆叠、垒高、平铺、组合、推倒等动作进行搭建活动。这一方面有利于发展其大肌肉和小肌肉动作；另一方面有利于培养其观察力、想象力和表现力。

运动类玩教具运用较广泛，包括摇摇马、木制手推车、木制拖拉玩具、大型木制滑梯组合等。通过这些运动类玩教具的使用,有利于激发婴幼儿行走、攀爬、滑行、跳跃的兴趣,增强大肌肉力量,促进全身协调发展。

(三) 塑胶玩教具

塑胶玩教具在婴幼儿期乃至整个童年都有广泛的使用。适合0—3岁婴幼儿使用的塑胶玩教具在质量上要求更加严格,主要有舔弄类玩教具、摇响类玩教具、球类玩教具、建构类玩教具、社会性玩教具、大型器械类玩教具等。

舔弄类玩教具和摇响类玩教具适用于婴儿期。这类玩教具需要满足婴儿啃咬、拉拽、摇晃等行为需求,因此一般采用食品级硅胶

图 1-2-25 木制滑梯、攀爬架

材质,造型结构简单,声响清脆柔美,以保证婴幼儿玩耍时的安全和健康。

球类玩教具在婴幼儿期的每个阶段都占据重要位置。球类玩教具更能锻炼婴幼儿全身的协调性,包括适合水中玩耍的充气球,适合抓捏按摩的触觉球,适合投掷的弹力球,适合拍打夹踢的皮球,适合涌动翻滚的海洋球等。

建构类玩教具除了采用木质材料制作外,还可以采用塑胶制作,如大颗粒插塑积木、水管道积木、雪花片、空心塑料拼插积木、EVA泡沫积木、多功能骨架关节棒、鬃毛积木等。不同造型的积木考验婴幼儿不同的拼搭技术和不同的手部精细动作。例如,大颗粒插塑积木,底座形状规整,上部凸起,可轻松与其他积木拼插衔接,适合1岁以上幼儿;而雪花片为圆形塑料薄片,外形似雪花,拼插时需要一定的手部力量,灵活的手指精细动作,较好的双手协调性,更适合3岁左右的幼儿玩耍。

社会性玩教具较多采用塑胶材料制作,且多为仿真玩具,便于婴幼儿扩大认知范围,积累日常生活经验,模仿社会职业角色等。

婴幼儿使用的大型器械类玩教具一般为

图 1-2-26 触觉球

塑胶材料制作或木质材料制作。以塑胶材料制作的大型器械类玩教具主要出现在大型婴幼儿游乐场、早教机构及幼儿园,包括大型滑梯组合、软体攀爬组合、婴幼儿感觉统合训练器械等。

(四)泥制玩教具

泥制玩教具深受儿童喜爱,其在0—3岁婴幼儿期的应用主要以低结构材料为主,体现在自然的泥制原材料和专门的泥制材料两个方面。自然的泥制原材料主要指取自大自然的原生态的泥、沙、土等,婴幼儿用手抓、捏、拍,用工具挖、铲、堆,甚至加水,自由捏制搭建造型等。在玩耍中,幼儿通过手的接触充分感受泥、沙、土的物理属性,充分想象,大胆创作,释放情绪情感。专门的泥制玩教具一般采用人工合成的新型材料制作而成,如软陶泥、超轻黏土、面粉彩泥等。与泥巴材料相比,专门的泥制材料具有更好的延展性和可塑性,具有适合婴幼儿抓、捏、抻、拉、压、搓、团圆的软硬度,具有不同色彩聚合的多种可能性,经过烤制或晾晒后,作品不易变形,能永久保存。婴幼儿在把玩的过程中不仅能充分锻炼手指灵活性,还能感知色彩化的神奇,促进婴幼儿创造力和想象力的发展。

图1-2-27　2岁6个月的幼儿压彩泥

图1-2-28　3岁的幼儿玩彩泥混色造型——怪兽车轱辘

(五)纸制和综合材料玩教具

纸本身就是0—3岁婴幼儿很好的玩具,从餐巾纸、报纸、卡纸到生活物品的包装纸,只要将其提供给婴幼儿,都能成为他们很好的玩具。通过抓、捏、撕、拽、挥动等动作,婴幼儿能感受纸的不同触感,倾听纸张发出的声响,观察纸张在手中的形态变化,体验纸带给他们的愉

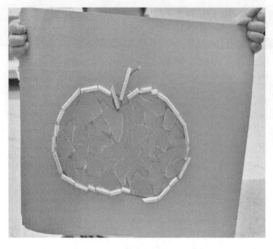

图1-2-29 2岁6个月的幼儿撕纸拼贴画——苹果

悦感。伴随婴幼儿手部精细动作的发展,他们可以初步尝试自由剪纸、折纸、撕纸拼贴、揉纸拓印等游戏活动,同时感受专门的纸制玩教具的魅力,如按指令贴纸、拼插模型、拼图等。

综合材料包括沙、石、泥、棍、枝叶、豆谷、果壳、五金配件、布绒线条、废旧物品等,将这些综合材料与纸通过艺术手段和手工技巧融合于一体,能促进婴幼儿深化游戏主题,丰富游戏材料,充分激发婴幼儿的创作潜能。

图1-2-30 2岁5个月的幼儿纸巾揉贴画——机器人

图1-2-31 2岁8个月的幼儿拼贴涂鸦——我给牙齿刷一刷

第三节 婴幼儿玩教具的价值

一、玩教具在婴幼儿发展中的价值

玩教具是婴幼儿成长的亲密伙伴,是特殊的教育资源,在婴幼儿成长过程中具有非常重要的价值。婴幼儿通过对玩教具的把玩获取感官刺激,提高认知水平,发展语言、动作、社会性与情绪情感,积累生活经验,学习生活技能,培养良好的生活习惯和道德品质,提升思维能力、创造力、想象力、表达力和审美感知能力。玩教具在激发婴幼儿自主活动、好奇探索、快乐学习中,促进其全面发展。

(一) 玩教具促进婴幼儿认知发展

婴儿自出生之日起,就开始与客观世界接触,进行着一个个认知活动,逐渐发展认知能力,包括感知、记忆、注意、思维、语言、想象等多种心理活动过程。皮亚杰将婴儿从出生到2岁的认知发展阶段描述为感知运动阶段。在这一时期,婴幼儿越来越多地整合从各种感官、运动中获得的信息,走向对周围世界的现实认知。所以,婴幼儿的学习环境必须为他们提供移动和操作的机会,提供能刺激各种感知觉的材料。[1] 这体现了玩教具在促进婴幼儿认知水平发展中的重要价值。

玩教具的造型、颜色、功能、玩法无不吸引着婴幼儿操作探索,在满足各领域知识技能学习需求的同时,带给他们更多的快乐。成人提供黑白卡片和鲜艳色彩的玩偶刺激婴儿视觉;提供摇铃和拨浪鼓吸引婴儿寻找声源,感知辨别不同的音色;提供不同质地的纸张、泥沙、石块,刺激婴幼儿的触觉;提供套盒,供婴幼儿感知物体形状大小及空间位置变化等。在一次次玩教具操作中,或自发或被动,婴幼儿与成人、与同伴生成一个个谈话主题,从咿咿呀呀发出单音到流畅地出口成句,玩教具不断地刺激婴幼儿发声、发音、说字、说词、说句。面对几个被拆卸的汽车轱辘,2岁的幼儿会将几个轱辘摆成四边形,说这是电视机;一会儿又拿起一个轱辘说它是蛋糕,张大嘴巴"啊呜、啊呜"假装吃起来。婴幼儿在操作玩教具的过程中生成语言,在童趣又丰富的语言背后体现出他们已有的认知经验、活跃的思维活动和丰富的想象力。

图1-3-1　色彩鲜艳的套叠玩具

图1-3-2　2岁的幼儿关于车轱辘的联想

---

① 甄丽娜.学前儿童认知发展与教育[M].北京:北京师范大学出版社,2019:20.

（二）玩教具促进婴幼儿身体健康发展

身体健康发展是婴幼儿全面发展的基础。玩教具能充分满足婴幼儿好动的需求，尤其是运动类玩教具深受婴幼儿喜爱，这类玩教具能不断激发婴幼儿的运动潜能，既促进其大肌肉动作的发展，又促进其手眼协调、精细动作的发展，还在一定程度上促进其感觉统合能力的发展，尤其对前庭觉和本体觉的发展具有一定的促进作用。例如，钻圈、爬攀登架、扔沙包、踢球、抓着羊角球原地跳跃、旋转大陀螺、俯卧大笼球等，每一种玩教具的使用都需要身体各部位协调配合，

图1-3-3　3岁1个月的幼儿骑滑雪车

对婴幼儿身体素质、协调能力、平衡能力、注意力、胆量、心理素质等的发展都具有积极作用。

（三）玩教具促进婴幼儿社会性及情绪情感发展

人是靠交往而存在的。玩教具作为婴幼儿成长中的重要"伙伴"，能为其搭建起社会交往的桥梁。成人通过玩教具与婴幼儿交往，逐渐与婴幼儿建立依恋关系。随着婴幼儿活动范围的扩大、认知水平的提高，他们产生了自我意识和最初的主客体之间的分化，从亲子交往扩大到同伴交往，有与他人的交往，更有与自身虚构主体的交往。例如，角色扮演游戏中，3岁的幼儿身穿纸箱做的恐龙服，扮演一头饥饿的恐龙，摆出恐龙凶猛的造型，冲向妈妈，并对妈妈说："妈妈，我要假装吃掉你手里的兔子（玩偶）！"在这个游戏中，幼儿既能区分自己和恐龙，又能按照恐龙的行为特点与家人互动游戏，并讲明游戏玩法。

图1-3-4　2岁8个月的幼儿与小朋友角色扮演——警察大作战

当婴幼儿沉浸在以玩教具为媒介的社会交往中，他们习得简单的交往技巧，如合

作、分享、友爱互助；他们逐渐养成说文明用语的习惯，如见面说"你好"，离开说"再见"，交换物品说"谢谢"等；他们也时常会因玩教具与同伴产生各种矛盾，在矛盾中学习解决社交问题的技巧，并学习正确表达自己的情绪情感。

二、婴幼儿玩具的起源与发展

（一）婴幼儿玩具的起源

玩具作为婴幼儿游戏的专门工具，早在公元前的新石器时代就出现了。它的出现与人类生产劳动有关，与人类宗教祭祀物品有关，亦与民间习俗及传说有关。

1. 玩具起源于生产劳动

玩具作为实际生活的模拟物，它的出现与社会生产劳动密不可分。劳动工具的复杂化，使儿童不能以"直接进入"的方式进入生产劳动。成人发明、制造了微型的生产工具——"玩具"，以帮助儿童练习和掌握使用工具的基本技能。考古学的大量发现证明了玩具与人类的生产工具之间的渊源关系。①

2. 玩具起源于宗教祭祀物品

玩具起源的另一种说法是源于宗教祭祀物品。伴随宗教由低级向高级发展，人们的宗教意识逐渐强化，宗教祭祀业逐渐分化，出现了专门的宗教祭祀品。这些祭祀品在日后逐渐转化为民间玩具。② 考古研究发现，我国河南省淮阳县伏羲太昊陵每年农历二月初二到三月初三举办庙会时出现的玩具"泥泥狗"，可能起源于新石器时代晚期，是淮阳"人祖会"祭祀伏羲的"神物"，是远古信仰和原始崇拜的活化石。起源于宗教祭祀物品的玩具还有祭嫦娥的"兔儿爷"，供奉牛郎织女的"磨喝乐"等，这些仍然在民间流传，传达远古文化的神秘信息。

3. 玩具起源于民间习俗及传说

玩具作为象征物，与民间习俗也有着密切的关系，最初寄托着人们祈福辟邪的愿望。人们在某种自然条件或社会环境中逐渐形成了某些习惯或社会风尚；出于某种信仰或为了维护共同的利益和必要的生产和生活秩序，约定一些共同的行为规则。这些习惯规则或约定经过实践的肯定，就逐渐固定下来，演化成为民间习俗，如有关节庆和社会禁忌的习俗。③ 由"立春日出土牛"的农耕习俗演变而来的陕西凤翔泥牛玩具，是典型的由民间习俗演变而来

① 刘焱.儿童游戏通论［M］.北京：北京师范大学出版社，2014：54.
② 陈雅芳，王颖蕙.0—3岁儿童玩具与游戏［M］.上海：复旦大学出版社，2014：12.
③ 刘焱.儿童游戏通论［M］.北京：北京师范大学出版社，2014：56.

的玩具;还有许多玩具来源于民间传说,如春节为了赶跑年兽的春联、鞭炮,端午节辟邪的香包等。

(二) 婴幼儿玩教具的发展

现代玩具大约出现在 1550 年至 1750 年间。工业革命不仅改变了玩具的生产方式,为玩具打上了机器制造的烙印,而且改变了人们关于玩具的观念和人们的生活方式。经过许多思想家和教育家的倡导和努力,玩具的教育价值被逐渐扩大和发展。

有学者认为,最早尝试把玩具引入教育过程的是英国思想家洛克(John Locke)。17 世纪,洛克为了把玩具变成对儿童具有教育意义的材料,制作了一套帮助儿童认识字母的积木,并希望借着这套识字积木使男孩在家学习,而不再在大街上疯跑,女孩则可以借助"娃娃家"游戏学到管理家庭的本领。17 世纪后期,玩具制造商已经开始制作一些卡片类、拼图式玩具来教儿童学习计算、地理、历史、拼写和天文等。他们声称这些教育性玩具可以使娱乐和教育一体化。19 世纪,德国幼儿教育家福禄贝尔(Frobel)尝试把教育性玩具系统运用于托幼机构的教育实践中,并发明了"恩物"。在此之后,意大利教育家蒙台梭利(Maria Montessori)也进行了对儿童玩具系统改造的教育实验。

由于福禄贝尔和蒙台梭利对玩具的系统改造,一方面强化了玩具的教育性,但是另一方面也使玩具的教育功能狭窄化,[①]使幼儿的学习活动与实际生活脱节,因此在 20 世纪初期至 20 世纪二三十年代,进步主义教育运动将家庭看作是学校课程和社会生活的中心。角色游戏尤其"娃娃家"游戏受到极大的重视,积木、颜料、蜡笔、黏土、沙、水、"娃娃家"设施和材料等,成为托幼机构不可或缺的玩具和游戏材料。

20 世纪 60 年代,以开发婴幼儿智力潜能为目的的"早期教育热"兴起,玩具承担起开发婴幼儿智力的任务,教育性玩具再度活跃。市场上出现了大量的教育性玩具,成人通过这类玩具来帮助幼儿学习科学、数学,帮助幼儿理解和掌握数理逻辑经验、物理经验等。这一时期,教育性玩具成了研究和开发的重点。

20 世纪 80 年代以后,随着社会发展和科技进步,人们的教育观念、消费观念增强,促使世界各大著名玩具公司纷纷在玩具类型、材料、功能、价值等方面寻求突破口,以求占领庞大的市场。比如,1996 年日本万代公司开发的电子宠物风靡世界,与此同时,该公司还推出高达模型、战神模型、哆啦 A 梦等动漫主题模型玩具。

时至今日,科技高速发展,各种高科技手段不断应用于玩教具的开发,玩教具正走向智

---

① 刘焱.儿童游戏通论[M].北京:北京师范大学出版社,2014:62.

能化时代。比如,以生产塑料拼插积木而著名的乐高将高科技融入传统积木中,通过电脑或手机软件实现对积木拼搭作品的编程操作及控制,让儿童通过简单有趣的编程让积木动起来,启发儿童创意思维和编程兴趣。再如,人工智能机器人学习机可满足胎教听音乐、婴幼儿期智能点播、学前期百科问答、小学阶段教材同步辅导等教育功能,具有云端海量学习资源共享、寓教于乐的特点。

由此可见,玩教具的发展一定是在传承传统文化的同时兼具时代特色的。不论玩教具未来发展趋势如何,符合儿童身心发展特点的玩教具才是最有价值的。

思考题:

1. 请结合本章学习内容,阐述对玩教具的理解。

2. 请分析社会性玩具在婴幼儿发展过程中的重要价值。

3. 请依据婴幼儿常见的玩教具类型,对身边 0—3 岁婴幼儿家长进行调研和访谈,统计家长选择的玩教具类型,了解家长选择玩教具的诉求及困惑。

第二章　婴幼儿玩教具设计

在婴幼儿游戏活动中,成人经常会发现身边的玩具不够用或者不适合,这就需要成人根据婴幼儿学习、游戏的实际需求,利用身边一切可利用的资源,经过创新设计,自制适合婴幼儿操作的玩教具,以便游戏活动顺利展开。由此可见,如何设计制作玩教具是值得探索与研究的问题。

第一节　婴幼儿玩教具设计与婴幼儿照护

婴幼儿玩教具的设计要符合婴幼儿身心发展规律的特点,恰当运用玩教具可以促进婴幼儿发展的动作、认知、语言、思维等能力的发展,初步培养婴幼儿良好的生活习惯。成人应基于婴幼儿照护的基本需求,从玩教具的设计构思、选材、功能、色彩、造型等方面把握玩教具设计要点。

一、玩教具的设计构思

婴幼儿玩教具的设计构思主要来自对于婴幼儿生活的敏锐观察与细致体会,基于婴幼儿照护需求进行设计制作。例如,10—18个月是发展婴幼儿手眼协调的时期,家长和教师可以用饮料瓶设计制作小沙锤帮助婴幼儿锻炼。婴幼儿玩教具的设计构思还应对现有玩教具作深入了解与反思。例如,13—15个月的婴幼儿喜欢钓鱼游戏,家长或教师可以用各种颜色的布头、小铁片、棉质填充物制作小鱼,用竹竿、线、吸铁石制作鱼竿。随着幼儿年龄的增长,我们可以加大婴幼儿玩钓鱼游戏的难度,如可以用挂钩取代吸铁石,让婴幼儿通过控制鱼竿的挂钩来钓鱼。

二、玩教具的选材

玩教具的材质是玩教具设计的基础,婴幼儿无自我保护能力,在材料的选择上要考虑安全性。按材料类型,自制婴幼儿玩教具大致可分为纸制玩教具、泥制玩教具、布艺玩教具、木制玩教具和综合材料玩教具。不同材质的玩教具会给婴幼儿不同的心理感受。

三、玩教具的功能设计

婴幼儿身心发展随年龄增长具有阶段性特点,需要经过专门的训练,才能有利于婴幼儿能力的发展。例如,婴幼儿在8—12个月时学习走路,如果没有家长的正确指导和照护,势必会影响婴幼儿正确学步。下面我们从玩教具的功能分类角度来了解玩教具与婴幼儿照护的关系。

(一) 认知类玩教具与婴幼儿发展

认知类玩教具能够促进婴幼儿感知、注意、学习、记忆、思维、想象等多种能力的发展,在婴幼儿照护中,应设计婴幼儿感兴趣的玩教具激发其好奇心,让婴幼儿多说、多听、多看、多摸、多动,同时培养婴幼儿的自我意识。

表 2-1-1　认知类玩具与婴幼儿发展

适用年龄	玩 教 具	保教功能	设 计 建 议
0—24 个月	婴幼儿能触摸的玩教具	婴幼儿触摸训练	制作不同材质的动物造型玩教具
0—6 个月	拨浪鼓、哗铃棒等玩教具	婴幼儿听觉训练	用纸板、竹棍、珠子制作拨浪鼓
0—6 个月	彩色的花环、气球等玩教具	婴幼儿视觉训练	制作能够挂到婴幼儿卧位上方的能够摆动的玩教具,玩教具的颜色可选择红色、绿色
13—24 个月	不同颜色、形状的积木	婴幼儿形状、颜色认知训练	绘制红颜色事物的小卡片,如西红柿;制作木质圆形、方形、三角形积木
24—36 个月	不同颜色、不同形状的几何图形	婴幼儿分类训练	用卡纸制作红、黄、蓝、绿 4 种颜色的几何图形
24—30 个月	小猫、小狗等一些动物的卡片	婴幼儿配对训练	用卡纸制作小猫、小狗等动物卡片
30—36 个月	数字卡片	婴幼儿排序训练	用卡纸制作数字卡片

(二) 社会性玩教具与婴幼儿发展

婴幼儿社会性发展主要表现为自我意识的发展、亲子关系的建立、玩伴关系的建立。社会性玩具对发展婴幼儿社会性起着重要的作用。

表 2-1-2　社会性玩具与婴幼儿发展

适用年龄	玩 教 具	保教功能	设 计 建 议
4—24 个月	镜子	婴幼儿应答训练	在墙面上制作有机玻璃材料的镜子
4—36 个月	娃娃	婴幼儿交往训练	用袜子、填充棉等制作娃娃

（三）运动类玩教具与婴幼儿发展

运动类玩教具在婴幼儿训练粗大动作训练、精细动作训练和体能训练中起着重要的作用。通过运动类玩教具，可以使婴幼儿肢体更协调，走路更平稳，手更灵巧，增强平衡能力和手眼协调能力。

表 2-1-3　运动类玩具与婴幼儿发展

适用年龄	玩 教 具	保 教 功 能	设 计 建 议
0—3 个月	小沙锤、小摇铃	婴幼儿抓握动作的训练	用婴幼儿能握住的小瓶子、石子制作小沙锤
3—5 个月	健身架	婴幼儿拍打动作的训练	用竹棍、布条、小球、摇铃挂件、线、胶带、胶水制作健身架
6—12 个月	动物玩具、小球	婴幼儿取物、松手、投掷动作的训练	用布、填充物制作婴幼儿用手能够握住的各种动物造型手偶和布球
10—16 个月	摇马、学步车、小推车	婴幼儿行走动作的训练	用竹子制作竹质小推车
13—15 个月	不同颜色、形状的积木	婴幼儿套、垒高动作的训练	制作木质圆形、方形、三角形积木
16—18 个月	小鼓	婴幼儿敲打、舀动作的训练	用奶粉罐制作小鼓
19—21 个月	木制水果玩具、绘本	婴幼儿串、二指捏动作的训练	制作木制水果，并在中间打个洞；自制图书
22—24 个月	套碗、积木等	婴幼儿套叠动作的训练	制作木质套碗和积木

（四）语言类玩教具与婴幼儿发展

3 岁以前是婴幼儿学习语言的最佳时期。积极与婴幼儿对话，用恰当的游戏和玩教具能激发婴幼儿说话的欲望，可以帮助婴幼儿学会正确发音，丰富词汇量，完整表达句子。

表 2-1-4　语言类玩教具与婴幼儿发展

适用年龄	玩 教 具	保 教 功 能	设 计 建 议
0—6 个月	拨浪鼓、摇铃等玩教具	婴幼儿发音的训练	用竹片、铃铛制作摇铃
0—12 个月	发音玩具、卡片	婴幼儿视听结合的训练	用卡纸制作水果卡片、蔬菜卡片
13—24 个月	卡片、绘本、布书	婴幼儿听说能力的训练	用卡纸制作故事绘本
19—36 个月	响板	婴幼儿节律的训练	用圆木片、线制作木质响板

四、玩教具的色彩设计

在婴幼儿玩教具设计中，色彩的使用非常重要。研究发现，刚出生的婴儿只能辨认红色，2 个月时能辨认红色和绿色，4 个月时婴幼儿的感知能力向成人的水平靠拢。婴幼儿通过视觉观察事物,颜色鲜艳明亮的物体总能够吸引婴幼儿的注意。研究发现,婴儿喜爱饱和度高的明亮色彩,在设计玩教具时应选择红色、黄色、蓝色和绿色等纯度较高的颜色。另外,婴幼儿对颜色有着本能的反应,红颜色的玩教具使婴幼儿兴奋,蓝色玩教具使婴幼儿镇静、平静。例如,蒙台梭利玩教具使用柔和的色调和三原色。柔和色调的玩教具可以稳定婴幼儿的情绪,具有让婴幼儿关注玩教具本身的特性;三原色的玩教具能够吸引婴幼儿的目光,让婴幼儿在操作时注意玩教具的差异性。

五、玩教具的造型设计

玩教具造型设计要根据婴幼儿身心发展特点,结合婴幼儿审美要求进行设计。在婴幼儿出生早期,她们偏爱中度大小而简单的图像,这个阶段玩教具的造型不能复杂,应以简明的几何体或色彩鲜亮的动物造型为主。随着婴幼儿年龄的增长和能力的发展,过于简单的玩教具已不能吸引婴幼儿的注意,此时应设计一些造型复杂的组合型玩教具来满足婴幼儿的需要。

知识拓展:

镜子在婴幼儿年龄阶段的使用

在婴儿4—6个月时,家长每天抱着宝宝照镜子,让宝宝认识自己。这个时期的宝宝出于好奇,为了吸引镜中的自己的注意,会拍打镜子,和镜子里的自己聊天。这些都能有助于婴儿形成自我意识。

在婴幼儿7—24个月时,家长引导婴幼儿照镜子,告诉婴幼儿面部的器官有哪些,帮助其认识自己的表情和模样,从而使婴幼儿逐步建立起自我意识。

25个月以后的幼儿对哈哈镜很感兴趣,会被自己在哈哈镜里的变化所吸引,从而激起幼儿探索世界的欲望。

第二节　婴幼儿玩教具设计基本原则

婴幼儿时期身心发育迅速,是个体智力发展和个性品质形成的关键期。玩教具设计既要符合现代家庭教育、学校教育和社会发展的目标和要求,又要符合婴幼儿身心发展特点,所以设计师要从婴幼儿的角度和感受来设计玩教具。另外,在婴幼儿丰富的生活中,玩教具体现出较强的综合性,即材料的综合性和功能的综合性,应充分发挥玩教具一物多用、一物多玩的特点,遵循安全性原则、启智性原则、科学性原则、可玩性原则、游戏性原则和创新性原则,把玩教具制作与婴幼儿游戏活动联系在一起。

一、安全性原则

安全可靠的玩教具可以给婴幼儿带来快乐,促进婴幼儿对技能学习、品德培养及身心健康发展。经调查发现,现在市场有些玩教具存在甲醛、细菌超标,零件粘连不牢、毛边锋利,小零件易脱落,缝隙尺寸不适合等问题,这些问题玩教具堪称危险品。所以在设计玩教具时,应遵循安全性原则,充分考虑玩教具选用的材料、设计的图样和结构、生产和使用的方法等不当可能造成的安全问题。

(一) 制作材料的安全性

玩教具选用的材料不应含有有毒物质或者受过污染,应符合安全卫生的要求,还要有利于环境保护和可持续发展。因为婴幼儿非常娇嫩弱小,任何材料表面的粗糙、棱角、凸起、凹陷或散发的微量毒气都有可能伤害到婴幼儿。

(二) 造型设计的安全性

学会走步后,幼儿的活动范围大大扩大了,也更自由了。这个时期的幼儿会长时间观察感兴趣的事情,开始爱摆弄玩教具了。为这个阶段幼儿设计的玩教具更应该注重产品的质量及安全性,避免细小零件、尖角、凸出物、细小绳索的设计。

二、启智性原则

玩教具是婴幼儿成长过程中亲密的伙伴,也是婴幼儿学习技能和掌握知识的重要工具。所以在设计玩教具时,应该考虑玩教具要有助于婴幼儿的身体发育和早期智力开发。成人在对婴幼儿开展动作训练、听说训练、认知训练,培养婴幼儿情绪情感与社会性行为时,都需要借助相应的玩教具。例如,发展婴幼儿大肌肉群的玩教具有小推车、小拉车、风车、滑梯、蹦蹦床等;发展婴幼儿精细动作的玩教具有串珠、积木、拼插玩具、橡皮泥等;发展智力包括发展感知观察能力、概括分类能力、音乐素质、数概念、语言能力的玩教具有感官刺激玩教具、数学类玩教具、语言类玩教具、科学类玩教具等。

三、科学性原则

婴幼儿玩教具的科学性体现在玩教具设计要符合婴幼儿身心发展的特点和水平,根据不同年龄段婴幼儿的实际能力设计玩教具,结构要由简单到复杂,功能要由易到难并呈螺旋式上升,突出玩教具的阶段性和层次性,使婴幼儿的技能发展也随之呈现出层层递进的趋势。

四、可玩性原则

设计的玩教具要能够使幼儿在玩的过程中觉得有趣,且具有持久的吸引力,让婴幼儿产生"想玩、好玩、还要玩"的体验。成人要根据婴幼儿的年龄特点、认知能力及经验,结合玩教具的外观、构造和功能,设计好玩的玩教具。比如,会发声的、发光的、移动的玩教具更能吸引婴幼儿的注意力。

五、游戏性原则

苏联教育家马卡连柯(Makarenko)认为,玩具在儿童生活中具有极其重要的意义,具有与成人的活动、工作和服务同样的意义,儿童在玩具游戏中怎样,当儿童长大时,他在许多方面的工作也会怎样。游戏是婴幼儿的"工作",能够促进婴幼儿身心发展、创造力发展和社会性发展。玩教具作为游戏的材料、游戏的物质基础,在游戏过程中扮演着相当重要的角色,它为婴幼儿从现实进入想象架起了桥梁。因此在设计玩教具时,要重视玩教具的游戏性设计要素。

六、创新性原则

随着时代的发展,玩教具应紧跟时代潮流更新迭代。玩教具设计创新源于生活又高于生活,只有深入研究现代婴幼儿身心发展特点、规律以及生活方式,才能设计出婴幼儿喜欢的玩教具。现代玩教具设计可以将传统风格与现代性元素融合在形式上推陈出新。中国有着丰厚的文化底蕴,民间有许多构思奇巧、形态各异、充满东方智慧的玩教具,只因时代的变迁,它们或者因为材料简单,或因为玩法落伍,或因形态粗糙,或因包装陈旧,或因生产技术落后而渐渐被人遗忘,但只要对它们稍加改造,注入现代元素,重新组合、设计、包装,它们必将重放异彩。例如,传统的风筝、孔明灯、九连环等,可以在材料、形态、色彩等方面对其进行革新设计,形成新的玩教具。玩教具创新设计还要注重玩教具形象要符合时代特点,可以结合动画片中的一些人物形象进行设计,使玩教具更容易让婴幼儿接受。

知识拓展：

玩具安全技术规范

玩具是儿童消费的重要产品,儿童由于其皮肤的敏感性及防范意识缺乏,在使用玩具时容易受到意外伤害。为保障儿童玩具的安全与质量,保护儿童的人身健康安全,国家标准委员会对《国家玩具安全技术规范》(GB 6675-2003)进行了修订,形成了《玩具安全》(GB 6675-2014)国家标准1—4部分,并于2016年1月1日起强制实施。

第三节　婴幼儿玩教具设计基本流程

婴幼儿玩教具的制作过程由若干个相互关联的工作环节构成,要先有设想,经过合理的设计以及严格标准的生产制作过程,才能生产出婴幼儿喜欢的玩教具。一般情况下,玩教具设计基本制作流程包括确定制作主题、功能分析、素材选择和收集、工具材料的选择、草图绘制、设计工艺流程、成品试用。

图 2-3-1　玩教具设计基本流程

一、制作主题

根据游戏规则的需要,结合婴幼儿身心发展特点,确定制作主题。因为婴幼儿认知水平有限,所以玩教具的主题要贴近婴幼儿生活,只有婴幼儿喜欢,才能吸引他们的注意和主动参与。

二、功能分析

玩教具本身就具备教育功能和娱乐功能。针对婴幼儿玩教具的功能,可以将其分为认知类玩教具、社会性玩教具、运动类玩教具和语言类玩教具。但是有很多玩教具在实际使用时会具备多个功能,如木制积木在婴幼儿用于垒高时,它属于运动类玩具;在婴幼儿进行分类时,它属于认知类玩具。所以在设计玩教具时,也要考虑玩教具在不同游戏中的使用需求。

三、素材选择和收集

玩教具设计的素材来源非常广泛,需要成人了解婴幼儿的身心发展特点,深入婴幼儿生活,不断丰富自己的想象,扩展设计思路,激发设计灵感。可通过对婴幼儿现实生活的观察,媒体热点的关注,以及对现有的玩教具产品、传统玩教具的分析来选择和收集婴幼儿玩教具设计素材。

四、工具材料的选择

自制玩教具关键是对材料的选择,要根据设计目标选择合适的材料,不必局限于单一材料的应用,可以多种材料结合使用,以体现玩教具的价值。周围环境中的许多自然物品,都可以被收集起来作为制作玩教具的原材料,如树叶、花草、果实、种子、贝壳、羽毛、石子、沙子等;也可收集常见又不起眼的生活物品,如瓶子、盒子、绳子、筷子、纽扣、夹子、小棍、硬纸板、小桶、花布等。生活中的一些废旧物品,也可以用来制作玩教具,如饮料瓶、纸箱、纸盘、纸杯、卫生纸芯、碎布料、一次性筷子等。

日常生活中为幼儿采购添置的物品,也可以转换功能成为制作婴幼儿玩教具的材料,如用棋子垒高、用积木排序等。

五、草图绘制

玩教具的主题、功能、素材、材料等确定以后,需要绘制玩教具的设计草图。这个阶段会有多个不同的设计方案需要比较、讨论,征求多方面的意见,从中选择一个作为最终设计方案,并按照要求画出设计效果图。

六、设计工艺流程

婴幼儿玩教具制作因选用材质不同所以制作工艺也有所不同,但制作流程大致相同,主要包括原材料的准备、零件加工、装饰与配色、装配、安全检测。

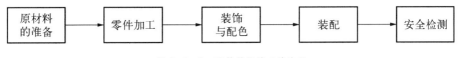

图2-3-2　玩教具设计工艺流程

七、成品试用

玩教具经过必要的安全检测后,就可以让婴幼儿在成人的监护下体验玩教具的各种玩法,经试用后收集建议,完成试用报告。设计者据此了解玩教具的使用状况,做出修改和完善,使玩教具能更好地促进婴幼儿身心发展。

知识拓展:

3D打印技术与婴幼儿玩教具制作

随着时代的发展,3D打印技术已经悄悄步入玩教具的制作领域。2018年3月21日,在深圳大浪社区儿童活动中心,一群孩子正全身心投入一堂别开生面的3D打印实践课。在课堂上,老师正指导孩子们学习3D建模及3D打印基础操作,让孩子们自己动手设计制作玩具,当回现实世界的"小创客"。

思考题:

1. 结合婴幼儿照护,请举例说一说如何利用绘本开展婴幼儿各个月龄的游戏活动。
2. 简述婴幼儿玩教具设计需要遵循哪些设计原则。
3. 简述婴幼儿玩教具设计与制作的基本环节。

第三章　婴幼儿玩教具制作

每个孩子都至少拥有一套玩教具,那么,为何玩教具会深受孩子们欢迎呢?玩教具具有哪些吸引人的地方和特点呢?玩教具又有哪些分类呢?在家庭和学校里,老师和家长们如何制作简单的玩教具呢?本章节将探讨玩教具中诸多的小秘密和新玩法。

第一节　婴幼儿纸制玩教具制作

婴幼儿纸制玩教具是玩教具中最常见的,因为纸不仅易得且环保,而且有色彩漂亮的卡纸、折纸、废旧的纸皮箱、旧报纸、广告纸、挂历纸、卷纸筒、扑克牌等多种材料可供选择。

一、婴幼儿纸制玩教具的特点和类型

婴幼儿纸制玩教具品种丰富多样,制作方便,可塑性强,色彩鲜艳,易于操作,易玩易教。教师利用纸制玩教具开展教学活动,能满足婴幼儿爱玩的天性。

婴幼儿纸制玩教具可以分为平面纸制玩教具和立体纸制玩教具。

(一)平面纸制玩教具

平面纸制玩教具包括撕纸、折纸、拼摆三类。

1. 撕纸类

撕纸操作方便,技能简单,表现自由,没有线性的严谨规范与技能的约束,易于操作,并非常安全。在操作过程中,需根据物体的造型撕出各种形状,同时注意比例关系。

2. 折纸类

折纸是一种常见的手工,有利于促进婴幼儿想象能力、创造能力、观察能力、动手能力、手眼协调能

图 3-1-1　撕纸作品——神气的大公鸡

力及对空间感知能力的发展。例如,折纸作品《战斗机》很受男孩的喜爱,他们借此展开游戏,并且乐此不疲;折纸作品《风车》能让婴幼儿感受大自然风的方向;折纸作品《帽子》不仅能激发婴幼儿的兴趣,锻炼动手能力,还能潜移默化种下喜爱中国传统文化的种子。

图 3-1-2 折纸作品——战斗机　　图 3-1-3 折纸作品——风车　　图 3-1-4 折纸作品——帽子

3. 拼摆类

拼摆玩教具品种繁多,形式多样,能激发婴幼儿自发、自由的创造性思维。活动中婴幼儿动手又动脑,发挥想象力,能开发智力,促进个性、自主性、创造性的发展。

 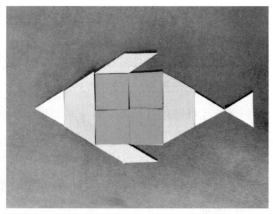

图 3-1-5 拼摆作品——火车　　　　　　图 3-1-6 拼摆作品——金鱼

(二) 立体纸制玩教具

立体纸玩具包括拼插和堆砌两种类型。

1. 拼插类

在拼插中组合出各种三维空间造型,能锻炼婴幼儿的想象能力和思维能力。此类玩教具玩无定法,可以千变万化,婴幼儿不会玩腻,能始终保持新鲜感。例如,拼插皮影作品《师徒四人踩高跷》可投放于表演区,幼儿可以依次为道具自编故事。

图 3-1-7　拼插皮影——师徒四人踩高跷

图 3-1-8　拼插作品——宇宙飞船

图 3-1-9　堆砌类作品——玩转纸杯

2. 堆砌类

堆砌，即通过想象，运用排列和组合形式，建造出各种现实物体的形象，锻炼婴幼儿的三维空间能力、感知觉能力及创造能力，多用于建构游戏中。例如，通过堆砌叠高，使造型像高塔、高楼；平铺起来，使造型像马路、火车。例如，《玩转纸杯》可以通过纸板和各种颜色的纸杯，来表现各种建筑空间。再如，用各种颜色的卡纸，通过剪裁，折出三角造型，婴幼儿可以随意搭建，乐此不疲。

二、婴幼儿纸制玩教具的设计与制作

(一)《帽子》

1. 设计思路

制作《帽子》，一方面能锻炼幼儿的手眼协调能力，另一方面帽子很像戏曲人物戴的帽

图 3-1-10　堆砌类作品——
三角积木

子,能激发幼儿对中国传统戏曲的好奇心,潜移默化地让幼儿学习和了解基本的戏曲知识。

2. 制作步骤

材料准备:彩纸若干。

具体制作步骤如下:

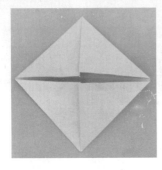

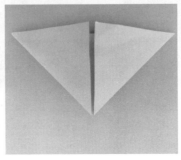

(1)将正方形彩纸的四个角向中心折好。

(2)把上半部分往后折成三角形。

(3)左右两个角向内折压。

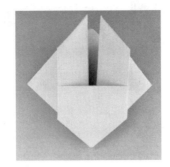

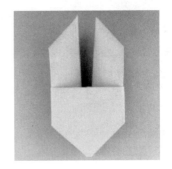

(4)将第一层向上拉折,两面对称操作。

(5)将拉折出的那一面往里折,两面对称操作。

(6)翻转后把上面的那层往后折。

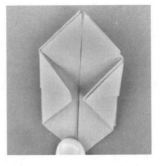

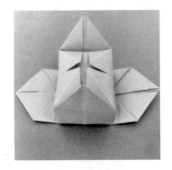

(7)将两边对折展开。

(8)对面的两侧往上折,从下面撑开,完成。

3. 应用建议

适用年龄:30个月以上。根据折纸步骤,尝试制作《帽子》,根据纸的颜色折成《官帽》《护士帽》《警帽》等,也可以在帽子上画上不同的表情,戴着不同角色的帽子做角色表演。

（二）《师徒四人踩高跷》

1. 设计思路

皮影，是中国民间古老的传统艺术，是非物质文化遗产之一。皮影能激发幼儿对中国传统文化的兴趣，还能提高幼儿的观察及动手的能力。中国非物质文化遗产——踩高跷，也是幼儿感兴趣的内容，将传统文化皮影和踩高跷有机结合，更能激发幼儿对中国传统文化的兴趣。玩教具《师徒四人踩高跷》以中国四大名著之一《西游记》里的师徒四人为形象来制作影人，将经典故事用皮影戏的形式呈现在幼儿的面前。

2. 制作步骤

材料准备：彩色纸板、剪刀、操作杆（即一次性筷子）。

具体制作步骤如下：

（1）在纸板上画出人物的各个部位并裁剪。

（2）准备好关节点和操作杆。

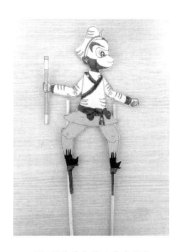

（3）用关节点将人物各部位连接起来并安装操作杆。

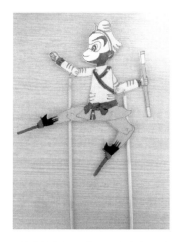

（4）操纵操作杆，人物可以随意变化动作。

（5）将师徒四人按此方法制作完成。

3. 应用建议

适用年龄：30个月以上。年龄小一点的幼儿可以操作操纵杆做皮影类的表演；年龄稍微大一点的幼儿可以尝试制作皮影人物，感受制作过程，并根据《西游记》里面的故事情节来操作表演。

(三)《几何图形拼摆》

1. 设计思路

拼摆类的玩教具玩无定法，采用几何图形的形式，让幼儿在玩的过程中，就能潜移默化地认识几何图形及其颜色，学会颜色或图形的分类，同时还能激发幼儿的想象力及创造性。在制作几何图形过程中，必须注意几何图形的尺寸比例，如正方形的边长应与菱形边长、三角形边长、扇形边长、圆形的直径及梯形的短边相同。通过拼摆图形，使之具备一定的造型。

2. 制作步骤

材料准备：硬纸板、剪刀。

具体制作步骤如下：

(1) 用彩色纸板剪出各种形状。

(2) 剪出若干几何图形。

(3) 拼摆"火车"。

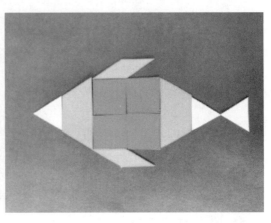

(4) 拼摆"小金鱼"。

3. 应用建议

适用月龄：18个月以上。可以让幼儿认识图形、颜色及按规律排序；可以让幼儿随意拼摆自己想象的各种图案；也可以让幼儿模仿图片来进行拼摆。幼儿年龄不同，拼摆的难度及准确度也不一样。

(四)《玩转纸杯》

1. 设计思路

纸杯是生活中的常用物品，玩法多样，主要用于建构区，来锻炼幼儿的三维空间能力。

2. 制作步骤

材料准备：硬纸板、彩色纸杯。

具体制作步骤如下：

（1）剪裁宽度相同的纸板。

（2）准备彩色纸杯若干。

（3）用纸杯和纸板搭建各种建筑造型。

3. 应用建议

适用月龄：18个月以上。在具体的操作过程中，幼儿可以不断尝试搭建各种造型。年龄小的幼儿可以采用垒高的方式;年龄大一点的幼儿可以搭建复杂一点的建筑造型,通过不断试错来感受如何让自己搭建的造型能够稳固。

第二节　婴幼儿泥制玩教具制作

泥塑是一门传统手工技能,泥制玩具历史悠久,制作过程中"泥"是不可或缺的材料,常见的有太空泥、陶泥、沙泥等。

在我国北方平原地区,泥制玩具是民间传统玩具中一种较为常见的形式,人们利用泥土,捏制、范制出形态各异的动物形象,将其作为婴幼儿游戏的物件,深受北方婴幼儿喜爱。现代的泥制教玩具,可以通过色彩鲜艳的陶泥、太空泥等新型材料进行制作,具有成本低廉,制作工艺简便,婴幼儿参与便利等优势。本节对泥制玩教具的特点、类型、设计制作方法及婴幼儿互动活动做详细介绍。

一、婴幼儿泥制玩教具的特点和主要类型

泥塑是一种古老的民间艺术。它以泥土为原料,以手工捏制成形,或彩或素,以人物、动物为主。如今的泥制玩教具主要材料有太空泥、陶泥、沙泥等,为手工捏制或模型扣压成形,多以婴幼儿喜闻乐见的形象为主,造型生动逼真、颜色丰富,所用材料质地较为柔软,易塑性强,无毒无害,成形后不易变形,便于保存,易于操作,也深受婴幼儿喜爱。婴幼儿泥制玩教具的主要类型有太空泥玩具、陶泥玩具、沙泥玩具等。

二、婴幼儿泥制玩教具的设计与制作

泥制玩教具的设计应注意婴幼儿的年龄特点,在活动中以婴幼儿为主体,探索发现为主导,旨在引发婴幼儿的兴趣、想象力和创造意识,让婴幼儿在动手操作中丰富已有经验并从中获得新的发展。

(一)《涮火锅》

1. 设计思路

通过点数火锅食材的种类和数量积累点数经验,练习使用勺和筷子的技巧,体验围坐在一起吃火锅的快乐。

2. 制作步骤

材料准备：太空泥、塑造工具、容具、勺、筷子。

具体制作步骤如下：

（1）根据食材颜色选用合适的太空泥揉合。　　　　　（2）按照食材自然形体进行塑造。

3. 应用建议

适用年龄：2—6岁。幼儿可以尝试用勺或者筷子夹"菜"，放进自己的碗中，然后数一数、说一说各品种的"菜"夹了多少。注意：不要让幼儿把太空泥做的食物放入口中。

（二）《饼干》

1. 设计思路

观察比较饼干不同特征并进行分类，在观察比较中，训练幼儿思维的敏捷性。

2. 制作步骤

材料准备：太空泥、模具、纸杯等。

具体制作步骤如下：

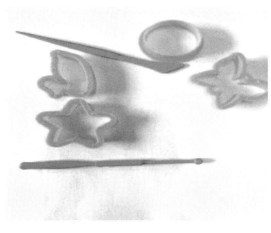

（1）选出特征明显的模具。　　　　　　　　（2）将太空泥分成若干份压扁，并用模具压出造型。

（3）晾干。　　　　　　　　　　　　　　　　（4）贴在有相应标识的纸杯上。

3. 应用建议

适用月龄：20个月以上。通过游戏活动帮助幼儿学习简单的分类，并感受生活中的数学，培养幼儿的专注力。还可以引导幼儿观察"饼干"的形状和纸杯上标识图形，并要求将和纸杯上标识形状相同的"饼干"投放进去。注意：不要让幼儿把"饼干"放入嘴中。

（三）《泥球》

1. 设计思路

通过"穿泥球"发展幼儿的动手能力和手眼协调能力，培养幼儿细致观察和独立思考能力。

2. 制作步骤

材料准备：太空泥、一头带木棍的绳子。

具体制作步骤如下：

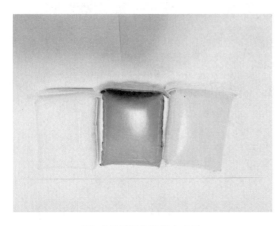

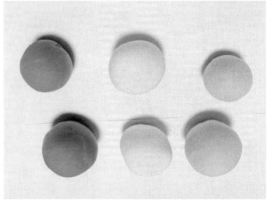

（1）准备不同颜色的太空泥。　　　　　　　　（2）将太空泥团成泥球。

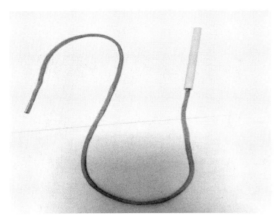

（3）在绳子一端绑好木棍。

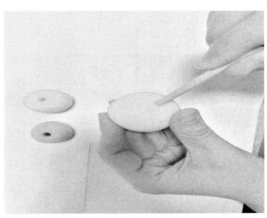

（4）在泥球中间用木棍穿出小孔。

（5）晾干完成。

3. 应用建议

适用月龄：18 个月以上。幼儿可用棍子穿过泥球，成人在旁观察；也可让幼儿按颜色对泥球进行分类，如把蓝色、黄色的泥球穿到一起。注意：不要让幼儿把泥球放入口中。

（四）《生日蛋糕》

1. 设计思路

通过"庆祝生日"游戏活动，鼓励幼儿主动思考，激发幼儿的想象力和创造力；让幼儿通过装饰制作生日蛋糕，感受庆祝生日的快乐；使幼儿了解数的组合、排序等知识，激发幼儿参与数学活动的兴趣。

2. 制作步骤

材料准备：太空泥、塑料小盆。

具体制作步骤如下：

（1）在小塑料盒上用太空泥做出蛋糕底。

（2）用太空泥分别做出水果装饰。

（3）分别晾干至可随意摆放不粘。

（4）幼儿动手操作摆放水果装饰。

3. 应用建议

适用年龄：25个月以上。该阶段的幼儿会运用各种感官反复持续探索周围环境，会观察辨别生活中常见物体的特征和用途，并进行简单地分类。教师可创设过生日情景，根据幼儿的喜好对蛋糕进行设计，并让其说一说蛋糕上有什么。注意：不要让幼儿把太空泥做的各种食物放入口中。

（五）《舀球球》

1. 设计思路

基于幼儿对球形的喜爱和对色彩的认知需求，此玩教具设计了5种颜色分类，同时还配备了勺子为锻炼工具，不仅锻炼幼儿舀球球的手眼协调能力，还能锻炼了幼儿手部精细动作并促进视觉发育。

2. 制作步骤

材料准备：太空泥、勺子。

具体制作步骤如下：

（1）将各色太空泥团成球。

（3）准备勺子和容具。

（2）晾干。

（4）将球舀进容器中。

3. 应用建议

适用年龄：18个月以上。引导幼儿正确使用小勺，按颜色分类舀取小球，按数量舀取小球。注意：不要让幼儿把太空泥小球放入口中。

（六）《快乐小鱼》

1. 设计思路

让幼儿动手涂鸦，锻炼幼儿的手眼脑协调能力，发展幼儿的精细动作，激发幼儿的想象力、创造力。

2. 制作步骤

材料准备：陶泥。

具体制作步骤如下：

（1）将用陶泥团成若干相同的圆球。

（2）分别揉捏出鲸鱼的尾巴，待干。

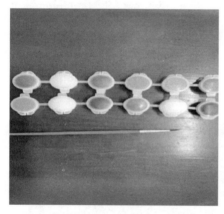
（3）准备好颜料。

（4）幼儿彩绘完成。

3. 应用建议

适用年龄：25 个月以上。鼓励幼儿大胆涂鸦，帮助幼儿掌握造型技巧，自主独立创造完成作品。

（七）《小青蛙》

1. 设计思路

通过让幼儿动手彩绘涂鸦，锻炼幼儿手眼脑协调的能力，发展幼儿的精细动作，激发幼儿的想象力、创造力。

2. 制作步骤

材料准备：陶泥、塑性工具。

具体制作步骤如下：

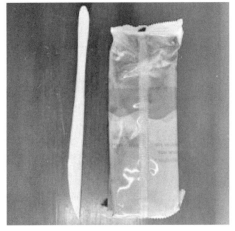

（1）备好陶泥及塑形工具。

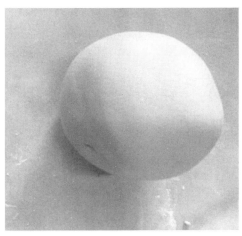

（2）取适量陶泥团做成大、小球形。

（3）用陶泥做出青蛙的腿,将各部件进行组合。

（4）彩绘完成。

3. 应用建议

适用年龄：25 个月以上。鼓励幼儿大胆涂鸦,让幼儿自主独立完成作品,帮助幼儿掌握造型技巧。

(八)《城堡》

1. 设计思路

发展幼儿的感知能力,激发其想象力和创造力,让其体验玩沙泥的快乐。

2. 制作步骤

材料准备：沙泥、模具。

具体制作步骤如下：

(1) 取适量沙泥。

(2) 选择建筑主题的模具。

(3) 将模具正面向上投放在沙泥中并压实。

(4) 幼儿探索脱模完成城堡。

3. 应用建议

适用年龄：18个月以上。鼓励幼儿自由玩沙泥，让幼儿使用模型做出各种城堡造型。
注意：不要让幼儿把沙泥放入口中。

（九）《交通工具》

1. 设计思路

发展幼儿的感知能力，激发其想象力和创造力，让其体验沙泥造型的快乐，并认识一些交通工具。

2. 制作步骤

材料准备：沙泥、模型。

具体制作步骤如下：

（1）取适量的沙泥。

（2）选择交通工具主题的模具。

（3）将模具正面朝上投放在沙泥中并压实。

（4）幼儿探索完成脱模交通工具造型。

3. 应用建议

适用年龄：18 个月以上。鼓励幼儿自由玩沙泥，让幼儿使用模型做出汽车、飞机、火车等交通工具，并说一说自己做的是什么，在哪见到过，是什么样子的。注意：不要让幼儿把沙泥放入口中。

第三节　婴幼儿布艺玩教具制作

布艺玩教具在生活中比较常见，如沙包、布球、布老虎等。由于现代技术和材料的进步，许多传统的布艺玩教具经过改造，更能体现现代婴幼儿玩教具的功能需要。例如，可以充分利用质地柔软、安全耐用、颜色艳丽、不易损坏的不织布制作一些简单常见的布艺用品，如小背包，可以给婴幼儿的生活增加许多趣味。另外，可以利用布艺进行环境创设，既能美化环境,又利于开展游戏活动、教学活动,起到寓教于乐的作用。

一、婴幼儿布艺玩教具的特点和类型

布艺玩教具柔软、耐用、安全,给人亲切温暖的感觉。布艺玩教具历史悠久,很早以前,人们除了用布来缝制生活用品外,还经常利用布料制作花卉、玩偶等来美化生活,表达自己的美好愿望。由于布艺玩教具取材方便,制作简单且布料材质多样,色彩鲜艳,深受婴幼儿喜爱。因此,布艺玩教具一直都是婴幼儿教育中常见的玩教具。

布艺玩教具富有浓郁的生活气息和情趣,工艺精巧,安全无毒,色彩鲜艳,不易褪色。它将形、色、情、意融为一体,具有色彩对比鲜明、造型生动逼真等特点。它以彩色丝绸、绢缎、绒布、皮毛、彩线、金银线、空心珠、纽扣等为材料,经过复杂细致的手工劳动精心缝制而成。

布艺玩教具品类繁多,生活中常见的有手指偶、布书、风铃(手摇铃)三大类。

手指偶:套在手指上进行游戏表演的小型布偶。其操作简单、形象可爱,深受婴幼儿的喜爱。

布书:用布缝制的书,布书上印刷有文字、图案等,给婴幼儿带来柔软舒适的感觉,能提高其学习、玩耍的乐趣;同时配备魔术贴、纽扣等多种零部件,给予婴幼儿更多认知、探索的空间。

风铃(手摇铃):由多样材质布艺材料缝制而成,圆润、无刺、不伤手,造型多样,百玩不厌,搭配彩珠、风铃等,可发出不同声响,多种铃声有利于促进婴幼儿听觉、视觉、精细动作及多项认知能力的发展。

二、婴幼儿布艺玩教具的设计与制作

婴幼儿布艺玩教具的设计与制作,一般具有以下步骤:

下样:将需要制作的图案在布料上画好。

裁剪:将画好的图案用剪刀进行裁剪。

粘贴:用胶水或胶枪将所需各部件进行粘贴。

缝制:缝制是布艺玩教具制作的主要技巧,大部分玩教具主要依靠针线进行缝制,常见的针法有:平针缝、锁边缝、包边缝、扣眼缝、回针缝、反口缝;根据玩教具不同的部位与不同需要,通常采用不同的针法进行缝制。

填充:用填充物进行填充,从而让裁剪的物体变得立体;填充物多种多样,一般为颗粒状或棉絮状。

安全是制作玩教具首先应该考虑的问题,在制作过程中,必须要采用安全无毒的材料来制作玩教具。同时在玩教具的制作过程中,要充分考虑到玩教具本身是否会对婴幼儿造成伤害,如玩具上的珠子、纽扣、拉链等,在婴幼儿玩耍的过程中是否会脱落,造成不必要的伤害。在制作过程中，各部件要缝制得结实，防止其脱线、崩开。

（一）手指偶《小兔》

1. 设计思路

我们要创设能够促进幼儿通过视觉、听觉、触觉等多种感觉发展的互动环境，丰富幼儿的认识和记忆经验。同时，还要保护幼儿对周围事物的好奇心和求知欲，在确保安全的前提下，支持和鼓励幼儿主动探索。简单的手指偶既可以当作玩具，又可以当作认知教具，一举两得。

2. 制作步骤

材料准备：剪刀、胶枪、针、铅笔、不织布、丝绵、棉线等。

具体制作步骤如下：

（1）将兔子图案分别画在不织布上，并用剪刀
　　将画好的图案剪下备用。

（2）用胶枪将兔子各部位粘住。

（3）用包边缝法将其缝合。

（4）塞入丝绵进行填充。

（5）在背后缝上手指套。　　　　　　（6）《小兔》手指偶完成。

3. 应用建议

适用年龄：12个月以上。家长和幼儿可以玩趣味角色扮演游戏，在互动过程中发展幼儿的语言表达能力，增进亲子感情。

（二）手指偶《熊猫》

1. 设计思路

我国的国宝熊猫憨态可掬，惹人喜爱。将熊猫做成手偶，幼儿触手可及。讲故事的时候，通过操作并生动演绎，促进幼儿视觉发育，提高幼儿口语表达能力、理解能力和社会交往能力。

2. 制作步骤

材料准备：剪刀、胶枪、针、铅笔、不织布、丝绵、棉线等。

具体制作步骤如下：

（1）将各部件在不织布上画好，剪下备用。　　（2）用包边缝法将其缝合。

（3）用丝绵进行填充并缝合。

（4）用胶枪进行粘贴。

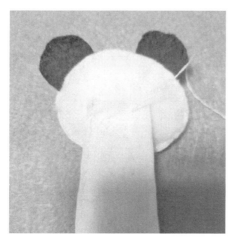
（5）在手指偶后面缝上手指套。

（6）《熊猫》手指偶制作完成。

3. 应用建议

适用月龄：12个月以上。小巧可爱的手指偶玩法多样，可以用来讲故事，玩角色游戏等。生活中，我们还可以制作很多有趣的手指偶，如《小兔子和胡萝卜》《熊猫和竹叶》等，让幼儿进行配对，既能认识动物，还可以了解动物的一些生活习性。

（三）布书《十二生肖》

1. 设计思路

对于幼儿来说，布书既是玩具，又是提高认知能力的重要途径。将十二生肖做成布书，让幼儿通过动手操作布书从而更好地认识这些动物；学着正确发音，学会倾听和理解语言，逐步掌握词汇和简单的句子；学会运用语言进行交流，表达自己的需求；愿意听故事、看图书，初步发展早期阅读的兴趣和习惯。

2. 制作步骤

材料准备：剪刀、胶枪、针、铅笔、不织布、棉线等。

具体制作步骤如下：

（1）将十二生肖图案分别画在不织布上。

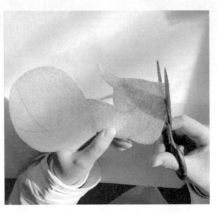

（2）用剪刀将画好的图案剪下备用。

（3）给十二生肖画出轮廓线。

（4）剪出十二生肖的影子并缝制在背景图上。

（5）制作布书封面。

（6）装饰布书，制作完成。

3. 应用建议

适用年龄：18个月以上。成人可以利用布书，给幼儿讲故事，进行角色表演。发展较快的幼儿还可以将十二生肖进行排序。另外，还要注意以下三个方面：第一，创设和丰富与幼儿交流沟通的语言环境，提供正确的语言示范，引导其倾听、理解和模仿语言；第二，为不同年龄的幼儿提供适合的儿歌、故事和图画书，培养早期阅读的兴趣和习惯；第三，关注语言发展迟缓的幼儿，并给予个别指导。

（四）布书《美味的蔬果蔬菜》

1. 设计思路

水果蔬菜在生活中非常常见，通过将水果蔬菜做成布书，幼儿可以边玩边探索，锻炼动手能力，发展认知能力，促进手眼协调。玩过之后的收纳训练不仅能让幼儿从小养成好习惯，还能让幼儿爱上吃水果蔬菜，不挑食，健康快乐成长。

2. 制作步骤

材料准备：剪刀、胶枪、针、笔、不织布、魔术贴、棉线等。

具体制作步骤如下：

（1）用不织布做好水果、蔬菜备用。

（2）用黑色不织布剪出水果和蔬菜的影子。

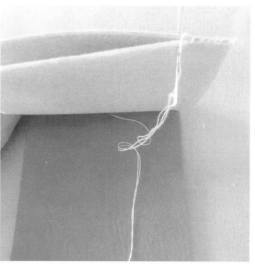

（3）剪裁好背景布，锁边缝合。

（4）将魔术贴粘在水果背面，将影子缝制在背景布上。　　（5）布书缝制完成。

3. 应用建议

适用年龄：12 个月以上。成人可引导幼儿认识水果、蔬菜的颜色和种类，并引导幼儿指一指、说一说水果和蔬菜的名字，还可玩"影子对对碰"游戏，为水果、蔬菜找影子，巩固认知。

（五）布书《动物王国》

1. 设计思路

幼儿有极强的好奇心，他们对动物十分感兴趣。千变万化的动物世界总能引起他们的注意。通过操作探索布书，鼓励幼儿大胆模仿，认识各种动物。

2. 制作步骤

材料准备：剪刀、胶枪、针、笔、不织布、棉线等。

具体制作步骤如下：

（1）用不织布做好动物造型备用。　　　　　（2）用黑色不织布剪好动物影子。

（3）剪裁好背景布，锁边缝合并首尾相接缝好。　　　　（4）将动物影子缝制在背景布上。

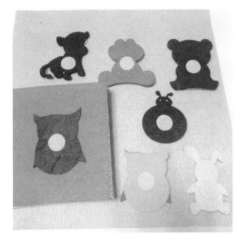

（5）将魔术贴粘在动物背面，将影子缝在背景布上。　　　（6）布书缝制完成。

3. 应用建议

适用月龄：12个月以上。成人可以引导幼儿认识书中的动物，并引导幼儿模仿小动物的叫声、动作等，发展幼儿的口语表达和肢体协调能力；还可通过亲子游戏"找影子"进行一一配对，巩固认知。

（六）手摇铃《小浣熊》

1. 设计思路

在婴幼儿日常护理和保教活动中，应科学合理地创设能够促进婴幼儿通过视觉、听觉、触觉等多种感觉活动的互动环境，丰富婴幼儿的感知与体验。从婴幼儿喜欢的角色入手，设计、缝制他们喜爱的手摇铃、风铃等玩教具，可以有效地刺激婴幼儿听觉、视觉、触觉发育，并促进婴幼儿抓、捏、握等精细动作的发展。

2.制作步骤

材料准备：剪刀、胶枪、针、铅笔、不织布、丝绵、棉线、铃铛等。

具体制作步骤如下：

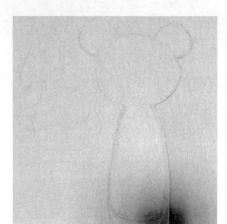 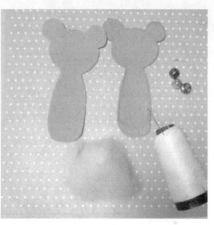

（1）将小浣熊图案绘制在不织布上。　　　　（2）用剪刀将小浣熊各部件剪下备用。

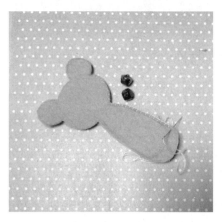 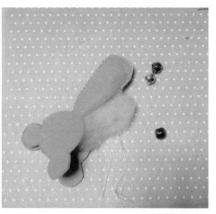

（3）用包边缝法将边缘缝好。　　　　　　　（4）用丝绵进行填充。

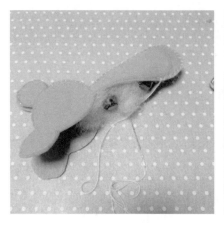 

（5）将铃铛缝进手摇铃手柄内。　　　　　　（6）用胶枪粘上五官等，制作完成。

3. 应用建议

适用年龄：3个月以上。可以通过抓握、摇动、观察手摇铃，刺激婴幼儿精细动作、听觉、视觉的发展。

（七）手摇铃《小兔子》

1. 设计思路

手摇铃摇晃时，能发出清脆的声音，可以刺激婴幼儿听觉的发展；也可以将手摇铃作为训练婴幼儿追听的工具，帮助婴幼儿辨别声音方向，对婴幼儿注意力的训练也是非常有帮助的；手摇铃的色彩还可带给婴幼儿视觉的感官体验，对刺激视觉发育、色彩感知也是非常有益处的；抓握摇铃还可以锻炼婴幼儿手部肌肉。

2. 制作步骤

材料准备：剪刀、胶枪、针、笔、不织布、丝绵、棉线、铃铛等。

具体制作步骤如下：

（1）将小兔子的各部件画好并剪下备用。

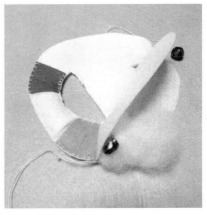
（2）缝合好后用丝绵填充，将铃铛缝入。

（3）用胶枪将五官粘贴好。

（4）小兔子制作完成。

3. 应用建议

适合月龄：3个月以上。在家里，家长可以为婴幼儿准备不同种类的手摇铃，先拿着手摇铃摇出声音，吸引婴幼儿的注意力，待其有想玩的倾向时，就可以让婴幼儿自己尝试了。通过对手摇铃的操作，锻炼婴幼儿五指抓握能力和手腕的灵活性。手部精细动作的练习为婴幼儿使用勺子、筷子打下基础。另外，手摇铃的声音会吸引婴幼儿，帮助婴幼儿感受音乐的节奏，促进其听觉发展。

（八）风铃《小猪佩奇的一家》

1. 设计思路

小猪佩奇的一家是婴幼儿非常喜欢的动画角色。活动选用亲肤面料，触感温暖，给予婴幼儿安全感；还原动画角色，可拆挂件，婴幼儿可随意摆布，释放情绪；还可模拟场景，玩"过家家"游戏，在不知不觉中促进婴幼儿视觉、听觉、触觉等多种感官发展，同时促进其口语表达及社会交往能力的发展。

2. 制作步骤

材料准备：剪刀、笔、针、棉线、彩线、纽扣、丝绵、铃铛等。

具体制作步骤如下：

（1）图案画好并剪下备用。

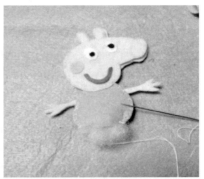
（2）包边缝好并用丝绵填充。

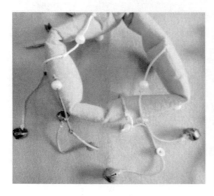
（3）缝上彩线与铃铛。

（4）在每个小猪背后缝上纽扣。

（5）制作完成。

3. 应用建议

适用月龄：6 个月以上。可以进行简单的点数，了解小猪佩奇家有几口；可以将小猪佩奇的一家扣到彩线上的纽扣上，一对一进行配对；还可进行角色表演、创编故事等，发展其口语表达能力。

（九）风铃《蘑菇与花朵》

1. 设计思路

婴幼儿通过对风铃进行自由探索，不但可以认识蘑菇和花朵的颜色、数量，还可进行分类训练，并通过魔术贴将蘑菇与花朵粘贴到风铃上，增强其生活自理能力。

2. 制作步骤

材料准备：剪刀、胶枪、针、笔、摇粒绒布、不织布、魔术贴、铃铛、丝绵等。

具体制作步骤如下：

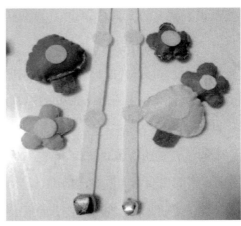

（1）将所需图案画到摇粒绒布上，剪下缝制各部件备用。　　（2）将蘑菇及花朵等粘上魔术贴并缝上铃铛。

（3）将各部件进行组合。

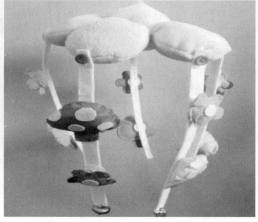

（4）制作完成。

3. 应用建议

适用年龄：6个月以上。婴幼儿可自由探索风铃，在看一看、摸一摸、玩一玩中认识风铃中的蘑菇及花朵；可以按颜色和名称对蘑菇与花朵进行分类；还可以数一数花朵、蘑菇的数量，感受生活中的数学。

第四节 婴幼儿木制玩教具制作

木制玩教具直观性很强，本节主要介绍木制玩教具的功能、常见的木制玩教具类型，以及木制玩教具的设计制作。

一、婴幼儿木制玩教具的功能和类型

（一）木制玩教具的功能

木制玩具要保证其功能部件的安全、卫生，符合各年龄段儿童的智力、体力及应对危险的能力，最大可能保证儿童的生命和健康，同时最大可能帮助儿童提高动手动脑能力和对事物的认识，促进儿童的发展。

1. 木制玩教具的训练功能

在婴幼儿日常生活和游戏活动中，让婴幼儿玩木制玩具，以及提供有针对性的训练，可以有效地促进婴幼儿听力和活动能力的发展。

0—6个月的婴儿视力有限，活动范围主要集中在床上。虽然他们自己的操作能力还很

弱,但已能够通过视觉、听觉来了解这个世界,色泽艳丽、可发出特别声响的木制玩教具可以对婴幼儿进行听力训练,但要注意的是,这时候婴幼儿的听力神经发育还不完善,玩教具的声响一定不能尖锐刺耳,声音应清晰,音量均匀。

7—12 个月的婴儿活动范围有所扩大,已经开始学坐、学爬,甚至开始学步,能从简单的发音到有意识地说话,喜欢敲敲打打,还喜欢把各种东西放入口中,以试探物体的感觉。一些能锻炼他们活动能力的玩具,有助于宝宝迈开人生的第一步。

2. 木制玩教具的幼教功能

在婴幼儿照护保教过程中,木制玩教具可以帮助和引导婴幼儿完成动手动脑、辨响认色等活动。

1—2 岁的幼儿开始学习说话,有的已经掌握一定的词汇,行为方面由大动作转为精细动作,已经有一定的辨别和思考能力。适用这个年龄段的木制玩教具就要具备简单性、可操作性及有趣味性等特点,使幼儿在玩耍的同时,认识物体大小、颜色等。

2—3 岁的幼儿已经学会跑跳,精力充沛,有了自主观念和同伴意识,语言的连贯能力也更好了,并开始学着独立探索周围环境,对什么事都好奇,喜欢观察,适用这个年龄段的一些可激发动手、动脑的木制玩教具,非常有助于培养幼儿的能力。

(二)木制玩教具的类型

常见的木制玩教具主要有感官类、行走类、互动类等类型。

1. 感官类木制玩教具

感官类木制玩教具能迅速增强婴幼儿的感知觉,扩大婴幼儿的感知范围,为智力发展提供坚实的基础。代表玩教具:转铃、拨浪鼓、木琴、布书、套盒、拼图、积木、配对玩具、拼插玩具、橡皮泥、陶土等等。

2. 行走类木制玩教具

1 岁左右婴幼儿开始尝试直立行走,并好奇一些可以移动、旋转的事物,成人需要为其提供必要的行走类木制玩教具,以激发其行走的乐趣。代表玩教具:木制高跷、木制学步车、木制陀螺椅等。

3. 互动类木制玩教具

2 岁以后,幼儿竞争意识、手脑协调和思维能力都已变强,需要有一个合适的平台来展现自己的实力,此时互动类木制玩教具就可以充当这个交际、交流、合作、竞争的平台。代表玩教具:木制磁吸钓鱼玩具、木制小猫打地鼠玩具、木制宝宝喂食玩具等。

二、婴幼儿木制玩教具的设计与制作

设计和制作适用于婴幼儿的木制玩教具,首先要有科学、巧妙的设计构思;其次采用易得、经济的工具材料;再次要制作工艺要简单、便捷;最后还要体现师幼(亲子)共同参与的制作过程。

(一)感官类木制玩教具

每个婴幼儿几乎都会拥有一两套属于自己的木制积木。积木是一种互动性很强的智力玩具,玩积木对婴幼儿的想象力、结构思维、造型能力都是很好的锻炼。

1. 设计思路

积木的玩法有很多,它提供更多的机会去发挥他们的想象力和创造力。因为积木互动性很强,父母和老师能尽可能多地和婴幼儿一起玩积木,通过视、听、触等各种途径探索积木的玩法。

2. 游戏步骤

(1)抓积木

每次给婴幼儿几个积木,数量可以从少到多,颜色尽量鲜艳丰富,让婴幼儿尝试去抓取积木,然后放下。在这个过程中,主要培养婴幼儿的手眼协调能力,发展手部的精细动作,感知积木的形状、平面和尖角的触觉差异。

(2)画积木

先在积木上画上一些小动物和水果,如果婴幼儿能力较强,可以和婴幼儿一起绘制;然后可以和婴幼儿玩一些认知小游戏,如拿出画有图案的积木,问婴幼儿动物在哪里。

(3)叠积木

婴幼儿开始肯定不会搭积木,或者说只会搭一两块,但婴幼儿的模仿能力很强,在互动交流中看到积木一层一层叠高,也会试着模仿垒高。当垒了几层之后,可以让婴幼儿试着将其推倒。这时,他们一定会很开心,因为他们喜欢推倒的过程。

(4)积木音乐盒

婴幼儿两手各握一个积木,并轻轻敲打,让积木发出好听的声音。婴幼儿尝试过之后,可以换不同大小的积木,引导婴幼儿感受声音的不同,他们肯定很喜欢这样发出声音的游戏。

积木的玩法还有很多,可以和婴幼儿挖掘更多的游戏玩法。

（二）行走类木制玩教具

木制玩教具有坚固、防水等特性。成人可以设计、制作具有行走功能的较大型的木马、独轮车、手拉车等玩教具，也可以利用小木条、小木片制作一些可以行走的、移动的小船等小型木制玩教具。

1.《小船》

（1）设计思路

低结构的材料是有利于幼儿想象与创造的。冰棒棍是生活中常见的材料，小巧便捷，有利于造型组合。利用冰棒棍制作小船让其在水上行进，对于幼儿来说有很大的吸引力，能体验科学探究与动手操作的乐趣。

（2）制作步骤

材料准备：两种粗细冰棒棍、橡皮筋、酒精胶、切割刀、砂纸。

具体制作步骤如下：

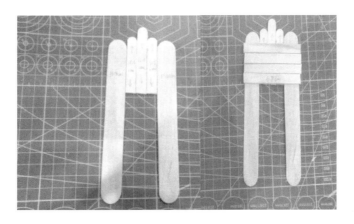

① 准备相应长短的冰棒棍，按摆放好的宽度铺第二层，并按长短空出中间部分。

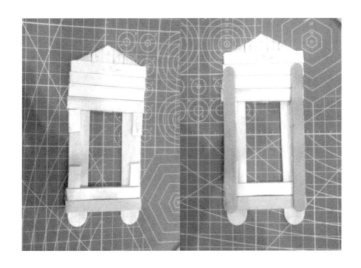

② 切割 4 个宽度略窄的短木片,分别放置在中间部分的四个角落,并将船头用小刀切割成三角形,两侧再贴一根冰棒棍使船底有三层。

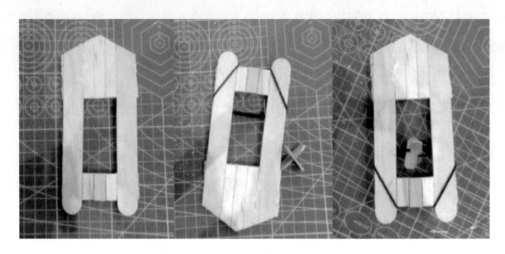

③ 用短木片制作船桨,将皮筋从中间穿过,并且将螺旋桨卡在中间。

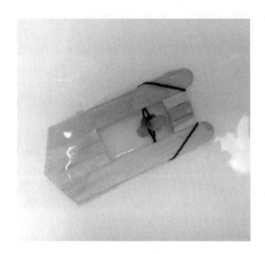

④ 放置在有水的盆里,手指旋转螺旋桨,小船就会前进。

（3）应用建议

适用年龄：3 岁左右。游戏时,幼儿可以尝试研究螺旋桨转动圈数与小船前进的距离的关系,螺旋桨转动的方向与小船前进的方向的关系等;还可以开展小船前进比赛,增加趣味性。

（三）互动类木制玩教具

每件玩教具都是与婴幼儿的活动紧密相连的,它是婴幼儿活动的基础。通过互动类木制玩教具游戏,让婴幼儿学会合作交往,以此培养婴幼儿社会性能力。

1.《玩具不见了》

（1）设计思路

通过用胶带纸将木制玩教具藏起来的游戏，让幼儿在寻找玩教具和撕掉胶带的过程中，享受游戏的快乐，同时也促进幼儿手部精细动作、手眼协调能力的发展。

（2）制作步骤

材料准备：不同触觉、不同形状的木制小玩具，如木制圆环、木制小汽车、小勺子等；美纹纸胶带、小篮子。

具体制作步骤如下：

① 在桌面上（或家中各个角落）将木制小玩具用美纹纸胶带提前固定好。

② 家长示范如何用手将胶带撕下来，把玩具取出并放进篮子里。

③ 邀请幼儿撕胶带，取出木制小玩具。

（3）应用建议

适用年龄：3岁以上。操作时，无论幼儿按照什么方法进行操作，成人都不要纠正。幼儿操作时，成人切记不要说话打断幼儿操作，或分散其注意力。

2.《保龄球》

（1）设计思路

保龄球是成人之间熟悉的一项运动，对幼儿来说，同样也可以成为亲子之间很有趣味性一项运动。家长可运用随处可见的木制品，标号后按不同的难度摆放，即可与幼儿共同游戏。幼儿在游戏过程中会不断观察与思考被击倒的玩具的数量与力度和方向的关系，从而锻炼幼儿的注意力、反应能力以及运动能力。

（2）制作步骤

材料准备：球、九种家中随处可见的木制品。

具体制作步骤如下：

① 和幼儿共同寻找家中的木制品，将其摆成保龄球初始状态。

② 家长示范，将球滚向摆好的保龄球。

③ 邀请幼儿参与游戏，滚球击倒保龄球。

（3）应用建议

适用年龄：2岁以上。成人应不断变化游戏规则，如小球击倒了小汽车，充分调动幼儿参与游戏的兴趣；还要注意引导幼儿将击倒的玩具摆放整齐。

第五节　婴幼儿综合材料玩教具制作

幼儿教育家陈鹤琴提倡大自然、大社会都是活教材，五谷杂粮、野花野果、飞鸟虫鱼是孩子们天然的玩教具。本节主要介绍综合材料玩教具的特点、常见综合材料玩教具的类型，以及综合材料玩教具的设计与制作。

一、婴幼儿综合材料玩教具的特点

（一）综合材料玩教具的概念

综合材料玩教具是根据教育需要和婴幼儿发展需要,对各种综合材料进行分类、加工、改造、组合,重新针对教育因素设计后的产物。由于材料的形状、用途不固定,玩教方法不受限制,这种类型的玩教具启发性较大,联想和探索余地较大,容易引起婴幼儿的好奇心和探索行为。

（二）综合材料玩教具特性

1. 科学性

在设计构思综合材料玩教具时,应注意知识、概念与原理的正确性,符合婴幼儿身心发展的特点和水平。

2. 趣味性

学习的第一步是兴趣,综合材料玩教具要符合婴幼儿的审美情趣,来自婴幼儿的生活,激发婴幼儿的活动兴趣,婴幼儿才会积极主动地玩。

3. 创新性

综合材料玩教具往往是为了弥补成品玩具的不足而设计的,单纯的模仿只会让自制玩教具变成一种摆设。综合材料玩教具构思要新颖,外形要独特,能激发婴幼儿的想象和创造。

4. 安全性

由于婴幼儿在日常生活中与教具接触机会很多,可能会使婴幼儿受到伤害,还可能成为传播疾病的媒介,所以综合材料玩教具也要符合安全标准和卫生要求。

（三）综合材料玩教具的形式

1. 计算游戏材料

利用木棒、草茎、贝壳等作为材料,帮助婴幼儿学习数数、比大小、排序分类等。

2. 美工活动材料

利用材料的多样外形进行想象画创作练习,如粘贴画等;还可以通过一些辅助材料,与婴幼儿一起想象、设计、制作出多种多样的工艺品和小玩具。

3. 体育活动器具

用柳条、稻草编制飞环,用豆子做成沙袋等,供婴幼儿进行各种体育活动用。

4. 游戏活动中的替代物

一些植物、石头或贝壳可作为"娃娃家"游戏中的饭、菜等，树叶可作为盘、碗等。

二、常见的婴幼儿综合材料玩教具类型

(一) 自然材料类

自然材料顾名思义即来源于大自然中的材料，如树叶、树枝、树皮、花瓣、果实、种子，石头、泥沙等。所选用自然材料必须无毒无害、安全卫生、收集方便，并存在于婴幼儿平时生活中。自然材料具有一定的潜在利用价值，便于幼儿操作，容易引发婴幼儿的联想与创造，能激发婴幼儿的想象力、创造力，促进婴幼儿游戏探索能力的发展。

(二) 生活用品类

1. 包装盒类

日常可有意让婴幼儿收集饮料盒、纸箱、手提袋等纸盒，并将其抱、推、拉纸盒到指定地点，锻炼婴幼儿按照一定指令做事的能力；或者把包装盒挖一个能放进婴幼儿脚的洞，让婴幼儿穿"大鞋"行走，以锻炼他们的动作协调性和平衡能力；让婴幼儿做跨过纸盒的动作，来训练婴幼儿的腿部大肌肉群；让婴幼儿坐在较大的包装盒里当小船、车、轿子，玩"开船""抬轿子"的游戏；还可以利用较小的包装盒，让婴幼儿玩形状、颜色的配对、分类游戏。

2. 塑料瓶类

生活塑料制品比较容易收集到，饮料瓶等比较常见，可利用瓶子进行颜色、大小、高矮、粗细的分类，锻炼婴幼儿的感知能力；瓶盖与瓶子的配对，锻炼婴幼儿用手拧的技能和各种感知能力；把瓶子挖开一个缺口，贴上幼儿喜爱的小动物形象，让婴幼儿给小动物喂食，锻炼婴幼儿用手指捏、用手抓、用勺子舀、用筷子夹等手眼协调的精细动作；在瓶子里放入不同量的小物品，通过晃动发出声响，锻炼婴幼儿的听觉；还可以在瓶子盖上打孔，让婴幼儿用线绳穿过，锻炼婴幼儿的手眼协调和做事的专注力。

3. 棍棒类

利用冰棍棒、吸管等玩各种形状的拼图游戏，锻炼婴幼儿的观察力、对各种事物的认识及点数能力；把吸管剪成小段，让婴幼儿练习用线绳穿，甚至进行排序练习。这样的活动，取材方便，婴幼儿重复练习的机会多。

4. 布(线)类

可以留意搜集一些生活中不再使用的旧衣服、碎布头、棉麻线等，利用这些布(线)类材料制作成可爱、生动的玩偶类玩教具。对婴幼儿而言，布(线)玩教具也是很好的情绪发泄的

工具,如婴幼儿会抱着布(线)玩教具来获得安全感,通过与使用的与布(线)玩教具的对话,来表达自己的情绪情感。具体来说,当婴幼儿被责备之后,他们常常出现责备玩偶的情况;得到奖赏时,他们也会很大方地"奖赏"玩偶们。

三、婴幼儿综合材料玩教具的设计与制作

(一)自然材料——叶子

1.《树叶皇冠》

(1)设计思路

秋天到了,满山遍野都洋溢着秋天的喜悦,那些叶子终于可以摆脱树的束缚。丰富多样的叶子能给幼儿提供探索、发现、表达的广阔空间。

(2)制作步骤

材料准备:7厘米宽度的卡纸,双面胶。

具体制作步骤如下:

① 到大自然中寻找落叶,将其围圈粘合贴在圆环上。

② 将整个圆环贴满落叶,一顶落叶皇冠就做好了,可戴于头顶。

(3)应用建议

适用年龄:2岁以上。成人可以与幼儿共同戴上皇冠置身于自然中,可拍照或用其他材料装扮成童话中的角色玩扮演游戏。

2.《落叶标本》

(1)设计思路

叶子一年四季都有变化,将落叶放置于空气中,与幼儿亲手制作标本,每天通过颜色、触

感等变化来感受落叶的变化,可以提升幼儿的感知觉。

(2)制作步骤

材料准备:卡纸、透明胶。

具体制作步骤如下:

① 将一张卡纸剪成一个镂空的相框,并在其背面贴上透明胶,幼儿在大自然中选择自己喜欢的落叶贴在透明胶上。

② 成人可与婴幼儿多制作一些落叶标本,注意引导幼儿通过眼睛感受叶子颜色的不同,通过手触摸感受叶子的软硬与干湿的不同,并能用生动形象的语言对其不同进行描述。

(3)应用建议

适用年龄:2 岁以上。可以尝试用其他不同的方法制作植物标本,并与幼儿一同商量布置标本的位置,或与幼儿共同观看植物标本相关视频,还可以参观博物馆等。

3.《落叶画展》

(1)设计思路

秋天的叶子有各种色彩,即便是同一种绿也会有深浅之分,把不同叶子呈现的颜色用颜料涂在纸上,让幼儿通过匹配颜色感受大自然的色彩;也可以将幼儿的落叶画作品摆放至环境中作为装饰。

(2)制作步骤

材料准备:相框一个、颜料。

具体制作步骤如下:

幼儿将户外捡拾回来的落叶,贴在与落叶颜色相似的相框里,完成后,成人可以写上一些创意词语描绘落叶画。

(3)应用建议

适用年龄:2 岁以上。绘制落叶画底色时,可采取多种渐变方式,如黄绿渐变、红黄渐变、蓝绿渐变等;可与幼儿多次收集与制作,并将画框组合,摆放至环境中的各个角落,或组合悬挂至墙面上,注意颜色的搭配。

4.《树叶添画》

(1)设计思路

幼儿通过涂鸦描绘出简单的线条、图形。成人借形想象,用问答形式与婴幼儿互动,激发幼儿想象力。

（2）制作步骤

材料准备：A5 大小的卡纸。

具体制作步骤如下：

① 幼儿将落叶随意贴在卡纸上。

② 可以引导幼儿为落叶进行创意添画。

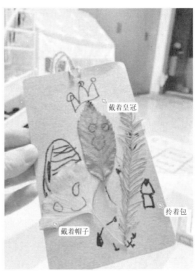

（3）应用建议

适用年龄：2 岁以上。成人可以与幼儿用童趣的语言对树叶进行想象，并以提问的方式遵循幼儿的意见，帮助幼儿共同完成添画。选择树叶进行添画时，尽量选择有一定厚度的叶子，便于幼儿操作。

5.《落叶拓印》

（1）设计思路

叶子的形状与叶脉的纹理是自然界中的一种美。通过颜料、叶子与布的亲密接触，幼儿可感受美、创造美，体验拓印带来的无穷乐趣。

（2）制作步骤

材料准备：白布、颜料。

具体制作步骤如下：

幼儿用落叶蘸取颜料，将它拓印在白

布上。

（3）应用建议

适用年龄：1岁以上。选择树叶进行拓印时需注意尽可能选择不同形状且轻薄有叶脉的树叶，颜料与水的比例适中，便于幼儿操作。叶子的玩法还有很多，如制作叶脉书签、落叶裙子等等。成人可以和幼儿挖掘更多的游戏玩法。

（二）自然材料类——石头

1. 设计思路

石头是一种十分容易获取的教育资源，家长和幼儿可以一起倾听关于石头的故事，玩"一把抓""找找石头""石头创意画"的游戏，让幼儿认知石头的自然属性，感受石头被赋予人格化的特征。

2. 游戏步骤

（1）"一把抓"游戏

一只手尽力抓石头，和小伙伴比比谁抓得多。

（2）"找找石头"游戏

幼儿和家长一起去户外找找石头，发现石头原来有这么多种类。

（3）"石头创意画"游戏

可以和幼儿捡一些石头带回家进行创作，如将石头拼拼、组组、画画，激发幼儿的想象力。

（4）应用建议

适用年龄：2岁以上。由于幼儿皮肤细嫩，建议以选择表面光滑无棱角的鹅卵石为主。石头的玩法还有很多，如"石头拓印""石头叠叠高""石头滚滚"等等，成人可以和幼儿挖掘更多的游戏玩法。

（三）生活用品类——瓶盖

瓶盖深受小朋友的喜爱，也容易收集和清洗，因此可作为游戏的材料开展各种小游戏。为此，我们利用瓶盖设计了一系列安全性高、可玩性强的玩教具。例如，"瓶盖大变身"玩教具主要材料为五颜六色但大小相同的瓶盖，以纸板或木棍为辅助材料，涉及的发展领域有语言、健康、艺术等，是一套多元发展且环保的主题玩教具。下面分类介绍各个成品的适合领域、适合年龄、基本使用方法和主要作用。

1.《瓶盖线偶》

（1）设计思路

此玩教具主要围绕语言领域设计。"瓶盖线偶"角色性功能较强，幼儿在进行角色扮演时模仿能力、表达能力能得到提升，且该玩教具可以单人游戏，也可以双人或多人进行互动，同伴合作的能力也可以得到提升。

（2）制作步骤

材料准备：卡纸、两脚钉、吸管。

具体制作步骤如下：

成人协助幼儿一同绘制小动物头像、躯干，利用线绳将瓶盖与躯干连接，利用吸管、线绳将小动物手臂连接，制作成《瓶盖线偶》。

（3）应用建议

适用年龄：3岁左右幼儿。幼儿可上下摆动吸管，使线偶手脚动起来，其原理和制作《皮影戏人偶》类似。

2.《瓶盖算盘》

（1）设计思路

此玩教具主要围绕数学领域设计，可提高幼儿按数取物的能力，对5以内数和量对应的能力，帮助幼儿发现数和数相差1的数理关系。

（2）制作步骤

材料准备：卡纸、一次性纸碗、小木棍。

具体制作步骤如下：

① 将瓶盖中间打上洞，洞的大小可以穿过小木棍；在卡纸上写上数字1—5。

② 根据算盘上的数字拿取相对应数量的瓶盖套在木棍上。

（3）应用建议

适用年龄：3岁的幼儿。成人可制作一些游戏闯关图，按照由易到难的顺序让幼儿进行选择和挑战，增加趣味性。

3.《瓶盖拨浪鼓》《瓶盖响板》

（1）设计思路

此玩教具主要围绕艺术领域设计，可用于歌舞的伴奏，让幼儿在音乐活动中通过敲击响板或拨浪鼓，感受音乐的节奏和特色，激发幼儿对音乐和乐器的兴趣。

（2）制作步骤

材料准备：透明塑料圆盒、绳子、纸板、木棒。

具体制作步骤如下：

① 将绳子横向穿过透明塑料盒，两端连接瓶盖，纵向插入吸管，《瓶盖拨浪鼓》完成。

② 将纸板裁成长条宽于瓶盖，并将四角裁成圆弧形后对折，将瓶盖粘贴于内侧，《瓶盖响板》制作完成。

（3）应用建议

适用年龄：2岁以上。玩瓶盖拨浪鼓时，转动鼓柄让瓶盖击鼓发出声音；玩瓶盖响板时，可将瓶盖分别绑在拇指和中指上，握于掌心内碰奏，或装在一木柄上碰奏，或以双手持板碰奏，响板发出坚硬的哒哒声，清脆响亮，富有特色。

思考题：

1. 泥制玩教具在不同年龄婴幼儿中如何应用？

2. 如何运用泥材料，使用捏、团、搓、压技法分别制作简单造型?

3. 创意设计一款泥制玩教具，仿制一款手摇铃和布书。

4. 按照手指偶制作方法，尝试制作《小猪佩奇》中的角色。

5. 试着先搜罗身边的木制材料，让它们成为游戏的主角。

第四章　婴幼儿照护环境创设

婴幼儿照护环境是教养人员根据教养目标，着眼于婴幼儿身心发展的需要而精心创设的适宜的教育条件。婴幼儿照护环境创设有赖于环境中各要素是否具有教育价值，是否有益于婴幼儿从中获得身心发展。

第一节　婴幼儿照护环境概述

一、婴幼儿照护环境的内涵

婴幼儿照护环境是指根据婴幼儿身心发展规律和特点，营造科学、规范、安全的照护服务的一种特殊的环境，包括促进婴幼儿身心发展所必须具备的一切物质环境和精神环境的总和。

意大利教育家蒙台梭利认为，成人是通过大脑学习知识的，而儿童则是通过心理能力直接吸收知识，知识不仅进入了儿童的大脑，而且促使了大脑的形成，成了大脑的一部分。儿

图 4-1-1　婴幼儿照护环境一角

童通过周围的环境建立他们的精神世界。

环境布置是早教工作的一项重要内容,专门针对 3 岁以前婴幼儿经常活动的早教环境布置有其特殊要求。例如,根据年龄特征,环境布置在整体色彩搭配上需要强调暖色调,营造温馨的视觉感受,图像要稍大些;同时在环境布置时,要引起婴幼儿强烈的探索欲望,激发其与环境的互动意识,体现个性化、本土化特色。

二、婴幼儿照护环境的特点

婴幼儿所处的环境是重要的教育资源,对个体发展的影响不容忽视。从婴幼儿年龄特点及发展需要来看,婴幼儿照护环境应具有安全性、专业性、多元性、人文性等特点。

(一) 安全性

0—3 岁婴幼儿的各项生理机能都处于发育的初级阶段,他们通过不断的身体移动和观察来探究周围环境,且安全意识较弱,需要更细致的关爱和呵护。如果对环境中危险因素的认知不足,防范不及时,婴幼儿就容易受到来自外界的伤害。室内环境中主要的不安全因素包括有毒有害的材质、不规范的设施尺寸、尖锐的棱角、电源等。因此,设计婴幼儿照护环境中的门窗、台阶、桌椅、悬挂物等时,要注意细节化、规范化设计。

(二) 专业性

根据婴幼儿生长发育的特点,合理设置满足个体不同领域发展需要的空间、设施及设备,从而体现出婴幼儿照护环境的专业性。例如,在婴幼儿喂养、睡眠等生活与卫生习惯的培养方面,应分别设置功能不同的活动空间及装饰;在婴幼儿翻身、坐、爬、站、走等动作发展层面,应设置适应婴幼儿大动作发展的空间元素和器械,并注意设置不同高度及材质的地面,以锻炼他们爬行和平衡的技巧。

(三) 多元性

根据婴幼儿人数及身心特点,合理设计活动空间使用面积,设置游戏区、进餐区、盥洗区、睡眠区、储物区等不同功能的活动区域。2 岁以下婴幼儿的照护环境应同时设置母婴室、配乳区及尿布台等。

除了功能区域的多元性外,还应从感知能力、运动能力、情绪情感、社会性等发展角度,提供丰富适宜的操作材料。

同时,不同空间色彩的使用,也要考虑增强各功能区的识别性,促进婴幼儿想象力和创造力的发展。婴儿 3 个月左右即可辨别非彩色和彩色,2—3 岁能分辨红、黄、蓝等颜色。在空间色彩设计中,适宜选择明度和纯度较高的色彩,如柔和的绿色、黄色、蓝色和紫色等。

(四) 人文性

1. 亲子共享

婴幼儿照护中,为便于家长更好地参与其中,在活动室设置中,可创设亲子活动室与亲子阅读室等,有助于亲子感情的培养与发展。在创设照护环境时,要满足家长的实际需求,如为了适应婴幼儿喜欢在地面上坐、爬、躺、翻身等特点,在游戏过程中,设置能让家长舒适地坐在地板上的区域。

2. 休闲舒适

婴幼儿照护环境应让婴幼儿、照护人员及家长都感到舒适、便利,使他们愿意长时间在这种环境中活动。将婴幼儿照护环境创设成安全、温馨、充满童趣、婴幼儿喜爱的乐园,能更好地激发婴幼儿活动的兴趣。

图 4-1-2　家长休息区

三、婴幼儿照护环境的分类

遵循婴幼儿成长特点和规律,科学规范设置婴幼儿照护环境,充分调动多方面力量,形成规范化、多层次、多样化的婴幼儿照护服务格局,满足人民群众对婴幼儿照护服务的需求,促进婴幼儿健康成长,增强婴幼儿家庭的幸福感。

(一) 家庭亲子互动环境

《关于促进 3 岁以下婴幼儿照护服务发展的指导意见》明确指出,家庭对婴幼儿照护负主体责任,在婴幼儿成长过程中,家庭和父母的教育作用是不可替代的。家庭亲子互动环境包括学习环境、生活环境和游戏环境。营造适宜的亲子互动环境,有助于进一步满足婴幼儿的情感需求,使其感受到家庭环境的温暖有爱、活泼有趣,从而激发婴幼儿的想象力、创造力,实现寓教于乐。

(二) 早教机构照护服务环境

早教机构照护服务环境是指以家长和婴幼儿作为指导和服务的对象,由专业人员为3岁前婴幼儿开展生活、游戏等保教活动,为家长提供育儿指导和帮助,以促进婴幼儿健康快乐成长而布置的环境。

(三) 社区照护服务环境

社区作为家庭直接依托的公共服务场所,具有贴近百姓、就近便利的公共服务特性。从社区居民实际需要出发,设立多样化的婴幼儿照护服务,提供工作人员上门进行膳食营养、生长发育、安全防护、疾病防控等专业化、规范化的照护帮扶或指导服务;推广"半日制""临时计时制"的多样化服务等,发挥社区全面性的育儿支持功能,通过科学、放心的照护服务,提高婴幼儿照护的质量,减轻家庭照护的负担,以满足不同类型婴幼儿家庭的多层次托育服务需求。

(四) 婴幼儿玩教具应用环境

玩教具应用环境着眼于婴幼儿动作能力、语言能力、认知能力以及社会交往能力等各领域的全面发展,同时结合本土化特色,突出文化底蕴,以丰富自由的游戏空间和多样有趣的游戏设施来满足婴幼儿各类游戏的需要。

0—2岁的婴幼儿以重复性、练习性游戏为主,可提供便于反复抓握、具有声响的玩教具,如拨浪鼓、彩虹圈等,让婴幼儿在操作玩教具的过程中,初步感知周围环境和事物,获得大动作和精细动作的发展;2—3岁时,逐渐进入象征性游戏阶段,如"娃娃家"角色游戏,能让幼儿

图4-1-3 婴幼儿照护环境中的玩教具

充分体验以物代物、以物代人、以人代人的游戏乐趣。成人可创设玩法简单的"娃娃家"场景,便于婴幼儿产生积极的情绪情感体验。

四、科学创设照护环境对婴幼儿成长的意义

环境是重要的教育资源,能够给人带来视觉和精神上的愉悦。为婴幼儿创设安全、温馨、有吸引力、有充分自主活动的物质环境,有利于给予婴幼儿安全感、归属感,使他们在环境中成为真正的活动主体,促进婴幼儿的发展和学习。

(一) 有利于促进婴幼儿的主动学习

婴幼儿通过与人的互动、与物的互动进行观察和学习,能从周围环境中获得经验,所以要满足婴幼儿自主操作摆弄的意愿和探究的需要,让他们从新鲜事物中获取经验并进行反复吸收和学习。虽然0—3岁婴幼儿注意保持的时间短暂,但他们会运用自己的方式积累经验,因此创设丰富的感官刺激和多样化的环境特别有意义,如令人愉悦的声音、色彩、灯光、背景以及综合有趣的触觉体验能激发婴幼儿主动学习的积极性,保持主动学习的热情,从而逐步建构起自己的认知体系。而以墙饰、涂鸦的形式呈现活动规则或礼仪规范,有利于促进婴幼儿秩序感和责任感的形成。

(二) 有利于为婴幼儿提供游戏的机会

良好的环境创设能满足婴幼儿各类游戏的需要,有利于婴幼儿进行深度游戏。环境中多种材质的触感体验、色彩丰富的视觉体验等,可让婴幼儿自主进行认知游戏、语言游戏等。

(三) 有利于促进婴幼儿情感及社会性的发展

婴幼儿成长的过程也是社会化发展的过程。在与主要照护者、其他婴幼儿、教师等的互动中,婴幼儿能获得社会认知的发展。在温暖、愉快的情绪氛围中,婴幼儿以其独特的沟通方式和情绪表达方式在得到及时、恰当的回应后,能够与他人建立信任和稳定的情感联结,产生较强的安全感,从而促进个体社会性的发展。

第二节　婴幼儿照护环境创设的基本要求及原则

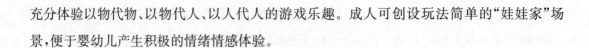

婴幼儿对环境有着很高的要求,要创设好婴幼儿照护环境,首先应该对婴幼儿照护环境的创设有一个深入的了解。良好的物质环境和精神环境对婴幼儿的健康成长是非常重要的。

一、婴幼儿照护物质环境创设的基本要求

（一）舒适度

婴幼儿环境舒适程度等级分为四个等级。

1. 不能忍受：婴幼儿的机体不能忍受这种环境，它的各种环境指数都可能危及婴幼儿身心的正常发展。

2. 不舒适：在这种环境下活动，婴幼儿很快就会疲劳，他们的生理、心理均要承受强大的外来压力。

3. 舒适：婴幼儿可以接受，而且不会感到刺激和疲倦。

4. 较舒适：各种舒适指标达到最佳程度，婴幼儿在一日活动中感到舒适和满意。

影响婴幼儿环境舒适度有五个因素：空气、光照、温度、声音、色彩。

婴幼儿环境对空气的要求是：清洁无污染，要注意保持室内空气流通，室外种植足够的花草树木，并达到一定的指标。

婴幼儿环境对光照的要求是：光照充足，达到冬至日底层光照满窗口，日照不少于 3 小时的要求。

婴幼儿环境对温度的要求是：控制在 16—27 摄氏度之间，20 摄氏度左右为最舒适的要求。

婴幼儿环境对声音的要求是：保持环境安静，室内噪声要求应不大于 50 分贝，符合舒适度要求的音乐应是适合婴幼儿年龄特征；符合婴幼儿活动的特点；音量适中。

婴幼儿环境对色彩的要求是：注意色彩与光照的协调，创设空间环境时，要力争把光照和环境色彩两个因素协调起来，创造出一个明快轻松的整体环境；注意控制好色彩量，过多的颜色不仅使环境零碎，缺乏整体感，而且还会给婴幼儿造成视觉混乱和疲劳，不易分辨物体，对舒适度指数影响较大；注意与背景色的协调，给其他物体布置和色彩装饰留出色彩空档；多用婴幼儿喜欢的颜色，适宜的主色彩应为明度高且纯度偏中。

（二）适宜度

适宜度可以分为：身体尺度适宜度、视觉器官适宜度、肢体运动适宜度三个方面。

婴幼儿的身体尺度是确定环境设施和环境景观的重要依据之一。作为环境创设的主体，照护人员必须了解婴幼儿身体各部分的尺度，并应以此为据确定环境设施和环境景物的尺度，以供婴幼儿使用。

婴幼儿眼睛的视野小于成人，其头部转动适宜度范围是左右 45 度、上下 30 度之间。若是超出了这一范围，婴幼儿就会感到不适。空间环境的创设要从婴幼儿的生理特性出发进

行设计和布置。

婴幼儿适宜的肢体运动要求：活动时有舒展的姿势，动作简单而有节奏，上下两个动作自然连贯，经过一段时间的活动后不易引发疲劳，活动效率高。在进行空间环境布局时，要把婴幼儿身体活动的姿势纳入设计考虑范围之内，以采取与其相应的环境布置。

（三）和谐性

婴幼儿的照护环境应与时代发展相和谐，反映时代的审美特征，达到环境创设内外和谐的境界。

二、婴幼儿精神环境创设的基本要求

（一）使每个婴幼儿感受到关爱

婴幼儿情感是否健康发展对其今后一生的发展都有深远的影响。工作人员的数量和对婴幼儿的教养态度决定了对婴幼儿关爱的程度。主要的照护人员应该具有一定的稳定性，即要有一年以上的相处时间。

（二）积极回应婴幼儿的诉求表达

对婴幼儿的需要和兴趣应该给予积极的回应，这有利于发展婴幼儿对照护人员的信任和依附关系，关注并参与婴幼儿的角色扮演游戏同样必要。

（三）提升婴幼儿的自我效能感

鼓励婴幼儿自主游戏，并给予适时、适当的帮助下，增强其自我效能感，即自信心的建立。

图 4-1-4　角色游戏　　　　　　图 4-1-5　艺术游戏中的互动交往

（四）促进婴幼儿之间的互动交往

婴幼儿之间的交往和互动,有利于促进其社会性发展,应促进婴幼儿与较大儿童和成年人之间的交往,培养最初的社会性情感。

（五）凸显游戏化

婴幼儿的精神环境应充满游戏的形式和情绪色彩。游戏化的环境有利于婴幼儿最大限度地接受环境的影响。

（六）自由和规则并存

照护人员应注意把握自由和规则之间的尺度。自由固然重要,必要的规则也是必不可少的。

三、婴幼儿照护环境创设的基本原则

在创设婴幼儿照护环境时,应使环境创设的目标与婴幼儿照护目标相一致。因此,婴幼儿照护环境创设要遵循安全健康、温馨舒适、弹性可变、科学适宜、教育功能全面的原则。

（一）安全健康原则

安全健康原则是第一重要的原则,是其他一切婴幼儿照护工作的前提。安全健康的环境应尽力消除种种危及安全和健康的因素,应更有利于婴幼儿充分地、自主地活动,而不是为了安全和健康处处设限。

科学规范的空间环境有助于婴幼儿的自由移动,为他们动作技能的发展和感知觉能力的培养提供可能性。为保证婴幼儿安全,照护环境中应铺设具有一定弹性、绿色环保的地面;所有界面的交角处设置为圆弧形;在地面保护层以下设置固定装置;合理设计空间环境中的衔接处,防止夹伤等;采用绿色环保材料进行绿色施工;为婴幼儿提供更多接触大自然的机会,可在户外活动区域中,种植无毒无刺、不易生虫的、无过多花粉的花草植物。

（二）温馨舒适原则

对婴幼儿来说,周围环境质量的好坏不仅能影响婴幼儿的行为,还会影响婴幼儿的情绪情感,所以应为他们提供温馨舒适的环境,保证温度、光线、声音及空气质量适宜,促进婴幼儿与环境的互动。

具体来说,要注意通风,保持空气的流畅;合理利用自然光,根据室内功能设置舒适的光线;控制周围噪声;空间色彩的使用要符合婴幼儿的心理要求,注意色彩的搭配等。婴幼儿喜爱明快的色彩对比，从中可以感受到色彩变化的特点。总之，温馨舒适的环境能使婴幼儿对周围环境产生更多的安全感，在心理上感到舒适、放松，能积极主动地探究周围事物，从而萌发更多的信心和好奇心。

（三）弹性可变原则

室内和室外环境中的设施、设备、物品、材料等，要便于改变，如品种、数量、摆放位置等可以根据需要进行调整。弹性可变的环境有利于适应婴幼儿成长过程中需求、兴趣、体力等的变化。

不同地区、不同托育机构的空间环境创设应结合本地、本园的特点，创设出有自己特色的、个性化的空间环境，不必生硬照搬别人的做法。

（四）科学适宜原则

婴幼儿照护环境是为婴幼儿创设的，必须符合婴幼儿身心发展特点。科学适宜原则的核心就是环境以婴幼儿为主体，照护环境中的空间和材料根据婴幼儿的年龄和数量来创设，同时结合婴幼儿年龄阶段特点，创设有区别的照护环境，满足不同年龄层次婴幼儿生理、心理发展的需要。例如，1岁以内的婴儿以发展抓、捏、握以及独坐、爬行、扶站、扶走等动作为主，通过悬挂带有音乐和响声的色彩鲜艳、造型有趣的玩教具，设置安全有趣的训练场景，帮助婴儿练习爬、站、走等动作。

婴幼儿阶段的早期交往模式多以自我活动为主，但其模仿性强，从促进社会性发展的角度看，可设置半公共空间，即部分活动空间不完全封闭和隔离，实现不同年龄阶段能够共享交往空间，促进婴幼儿之间的相互观察、交往和学习。

同时，还要注意环境的刺激要适度，如在一定的空间内，物品和人员的数量过多或过少都不利于婴幼儿对环境的持续探索，会影响婴幼儿注意的稳定性。

（五）教育功能全面原则

环境的创设应遵循有利于促进婴幼儿身心素质全面发展的原则。环境是提供婴幼儿进行身体和动作训练的条件，也是提供婴幼儿感知、想象和思维训练的条件，更是提供婴幼儿交往和交流，发展语言的条件。

一个具备启发性和支持性的环境能始终吸引婴幼儿，激发婴幼儿的构思、想象和创造，从而使婴幼儿成为环境的主人。通过环境润物细无声的熏陶，以及成人适时适宜的引导，婴幼儿在看、听、摸、做的过程中获得发展。

第三节　婴幼儿照护环境主题墙设计

墙面是构成婴幼儿照护环境的主要因素之一。因此,墙面的设计对婴幼儿照护环境的影响十分重要。为了更好地给婴幼儿营造良好的照护环境,需要了解婴幼儿照护环境中主体墙面的设计要点以及墙面的多种制作技法。

一、婴幼儿照护环境墙面

婴幼儿照护环境墙面可以分为常规墙面设计 、主题墙面设计、互动墙面设计。

(一) 常规墙面设计

常规墙面设计主要是指为托育机构各区域场所做的装饰性或功能性墙面。一般情况

图 4 - 3 - 6　礼物墙面设计

图 4 - 3 - 7　动物墙面设计

图 4 - 3 - 8　数字墙面设计

下,常规墙面使用的时间往往较长,因此对墙面设计的整体性和装饰性有较高的要求。

(二) 主题墙面设计

主题墙面主要是在托育机构内以相关教育内容为主题的各类墙面设计。主题墙面设计与教育内容密切相关。设计主题墙面,不仅要求主题鲜明突出,体现相关阶段教育内容,而且还要求在活动室整体的设计风格和内容上都有明确的呼应和协调。

图4-3-9 成长墙面设计

图4-3-10 拔萝卜墙面设计

(三) 互动墙面设计

互动墙面是让婴幼儿参与墙面布置的准备和制作的过程,成人与婴幼儿共同完成一种墙面制作形式。由于充分调动了婴幼儿参与的积极性,互动墙面不仅可以成为婴幼儿最关注的地方,也能成为他们尽情想象、创造与自我表现的舞台。

1. 触摸墙

感官在婴幼儿成长中扮演着重要角色,触摸墙是发展触觉的非常实用的设置。婴幼儿感受哪些物体是软软的,哪些物体是硬硬的过程中,获得触觉的发展。

图4-3-11 互动触摸墙面设计

图4-3-12 互动触摸墙面设计

2. 游戏墙

通过游戏墙可以训练婴幼儿的反应速度及手眼协调能力,如打地鼠墙、乐高墙、滚球墙、开锁墙、交通规则墙等。

图 4-3-13 打地鼠墙面设计

图 4-3-14 积木游戏墙面设计

3. 音乐墙

锅碗瓢盆、瓶盖、管子、竹筒、废旧扬琴全都可以布置在墙上,婴幼儿敲敲打打,留下记忆中快乐的回响。

4. 涂鸦墙

白板、黑板、玻璃、瓷砖等平面全都可以作为涂鸦墙,让婴幼儿在上面涂涂画画,留下童年的回忆。

图 4-3-15 废旧物品用于音乐墙面设计

图 4-3-16 水粉涂鸦墙面设计

二、婴幼儿照护环境墙面的设计要点

婴幼儿照护环境的墙面所处的空间环境特殊,与普通环境中的墙面需求不同,在设计上需要注意以下几点。

（一）墙面设计应符合婴幼儿的心理特点

首先，设计应该从婴幼儿的兴趣、爱好出发，针对婴幼儿的认知特点与接受能力，在造型和色彩上顺应婴幼儿对事物认知的发展规律，力求使墙面布置符合婴幼儿的心理特点。

图 4-3-17　恐龙墙面设计

其次，具有夸张、象征、幽默特点的墙画面很容易引起婴幼儿的兴趣。在画面的处理上应该突出重点，借景寓意，宾主呼应，一目了然，吸引婴幼儿的注意力。

再次，选择墙面内容时，应根据婴幼儿的年龄特征，结合各方面因素进行综合考虑，使墙面既生动有趣，又紧密结合教育功能，发挥教育价值。

图 4-3-18　充满童趣的墙面设计

（二）墙面设计构思要新颖，立意要独特

墙面设计要能让人印象深刻，便于识别记忆，结构布局要雅致清新，充满童趣，应巧用色彩、肌理等对比手法加强视觉效果。

墙面设计可多用排列、重复、夸张、变形、归纳等装饰手法，提炼、简化物体造型，构图尽可能简洁大方，避免简单模仿，切忌花、乱、散。

图 4-3-19　海洋主题墙面设计

图 4-3-20　水平排列的墙面设计

图 4-3-21　错位排列的墙面设计

（三）墙面设计注重画面构图和情节的对比效果

如何使用构图、色彩、材料、制作技巧使画面富有多样性，如何在视觉上取得生动和谐的美感，是墙面创意设计的关键。利用形式上的对比和表现内容上的对比，是绘画艺术常用的技巧手段。墙面设计的也应在画面构图和情节内容上利用对比手法设计突出韵律感和节奏美，使墙饰生动活泼感染婴幼儿的心灵。

（四）装饰手法与材料运用的多样性

色彩明快、造型夸张的形象是婴幼儿易接受和喜爱的视觉符号，同时也是易激起婴幼儿模仿欲，调动其感官感受并留下深刻印

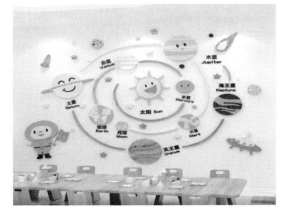

图 4-3-22　圆形为主的太空主题墙面设计

象的艺术方式。夸张的装饰手法强调动静的呼应,律动的秩序,能增强婴幼儿对视觉韵律感的体验。

不同的装饰风格有不同的装饰技巧,不可生搬硬套。变形的幅度、夸张的程度要掌握分寸,恰到好处。设计墙面还要善于利用各种材料,采取多种形式进行构图。

(五) 力求与整体环境和谐

要在立意、构图上明确整体环境的基调,力求墙面与周围的自然环境及人工环境(包括室内装修)相协调。

图 4-3-23　休息区域主题墙面设计

在墙面的内容与表现形式上,也要有整体意识,应根据婴幼儿的年龄与心理特点,使墙面内容具有一定的联系性或情节性。

(六) 以婴幼儿的视角为中心

托育机构墙面设计应以婴幼儿的视角为中心,避免墙面布置过高。

图 4-3-24　主题墙面设计

图 4-3-25　门厅主题墙面设计

(七) 提升整体设计意境

婴幼儿照护环境墙面设计要注意提炼出现实中的美,提升作品的整体视觉效果,提升墙面的整体设计意境。题材选择要选取最能表现主题内容、最具说服力的题材,设计出富有视觉冲击力的戏剧性画面,让墙面会"说话"。

构图取舍去芜存菁,精心剪裁;色彩设计要善于利用色调烘托不同的意境,要善于表现特殊的色调美感,对色彩进行概括提炼,加深画面的艺术感染力;材料运用手法可采用插接、剪贴、浮雕、镂空等技法与各类材质的特殊效果,增强画面栩栩如生的效果。

三、婴幼儿照护环境主体墙面制作技法

婴幼儿照护环境主体墙面制作方法多种多样,包括装饰壁画手绘技法、玻璃粘贴装饰技法、纸浮雕装饰技法和综合材料装饰技法等。

(一) 装饰壁画手绘技法

手绘墙面属于墙面的平面装饰技法。装饰壁画的绘制可使用水粉、油画、丙烯等颜料和油漆、涂料,采用徒手或辅以喷枪等工具绘制。

丙烯颜料无毒,颜色鲜艳,能被油或水调和,晾干后还能防水,适合室内外壁画绘制的需要。

(二) 玻璃粘贴装饰技法

玻璃贴画是常用的装饰形式之一,玻璃粘贴纸具有色彩光亮、清爽悦目的特点,设计时要注重搭配的整体性。构图纹样要巧妙安排,切忌支离破碎地粘贴,应将门窗的几块玻璃连在一起整体构思。色彩设计要有整体感和协调美。可以大胆地进行构思,尽量追求景物的变形、夸张,而不宜采用与自然对象一模一样的细节和色彩。贴画的大色块应与精美的细节相结合,装饰纹样造型要流畅优美,空出的间隙要整齐自然。

1. 制作步骤

① 选图,选择确定合适的图案就等于成功了一半。

② 放大选定合适的图案:放大到需要的大小。

③ 拷贝、描绘。用拷贝纸根据图形勾出各部分轮廓线。

④ 设色、编号。设计用色,将同类色排序标出。

⑤ 分块描摹。把拷贝纸描下的画稿分块拓印在即时贴纸上。

⑥ 分块剪下。把描摹好的即时贴纸按照分块一一仔细剪下。

⑦ 照图粘贴。把剪下的各块贴纸比照着设计图,仔细贴在玻璃上,粘贴时要注意色块间空出的缝隙是否宽窄一致。

⑧ 细部刻画。全部贴好后用铅笔直接描绘细线条,用小刀刻出细纹样细节,刻画时要注意保持线条的宽窄一致。

⑨ 当图形呈现出空心造型,或需刻出大面积镂空时,可用转移膜将剪刻好的图形完整地

图 4 - 3 - 26　玻璃上粘贴装饰

转移到玻璃上。

2. 玻璃贴画的清除

陈旧的玻璃贴画需要更换时，先用 30—40 摄氏度的热水加热或用吹风机吹热，然后揭起一角慢慢撕开。

如果撕下旧贴纸后玻璃上还有胶痕，可用热水、酒精、汽油、煤油等擦净，或直接使用不干胶清洁剂。

（三）纸浮雕装饰技法

半立体纸雕是介于立体构成和平面剪贴之间的一种艺术表现形式，是通过在平面材料上对某些部位进行立体加工，使之在视觉上和触觉上具有立体感。

1. 材料和工具

（1）材料

各色卡纸、云彩纸、岩纹纸、粉彩纸、锦纹纸、广告纸等有一定厚度的纸张。

（2）工具

剪刀、美工刀、刻刀、直尺、铁尺、三角尺、量角尺、弧形板、垫板、用完的圆珠笔、圆头的笔、黏合剂、订书机、图钉、回形针等。

图 4 - 3 - 27　纸浮雕装饰技法墙面

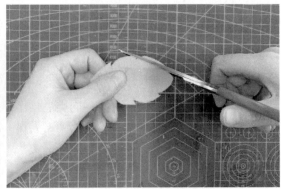

图 4 - 3 - 28　剪开线技法

（3）**制作技法**

① 剪切线技法

在制作图中的实线标记为剪开线。制作时要用剪刀沿线剪开，或用刀沿线切开，把剪开的部位按一定角度重叠并粘贴,形成凹凸状。

② 勒压线技法

在制作图中的虚线或点划线标记为勒压线。勒压的目的是便于较厚的纸张折叠,也称为半切。因勒压方向不同,又分为纸面凸起的正面勒压(用虚线表示)和纸面凹下的反面勒压(用点划线表示)。

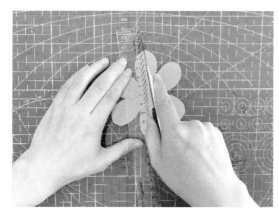

图 4-3-29　勒压线

③ 折线技法

直线折技法:在需要折叠的位置画出直线条,并用小刀或尺子轻轻划出痕迹,沿着痕迹进行折叠,最终制作完成。

图 4-3-30　直线折技法　　　　　　　　图 4-3-31　直线折效果

曲线折线法:与直线折技法类似,不同的是,在需要折叠的位置画出的折叠线条为曲线,沿着曲线用小刀或尺子划刻出痕迹,并折叠完成效果。

④ 层叠技法

每张纸按照直线折技法和曲线折技法进行折叠,再将其进行组合,形成丰富的纸浮雕效果。可以直线折和直线折组合,也可以直线折和曲线折组合。

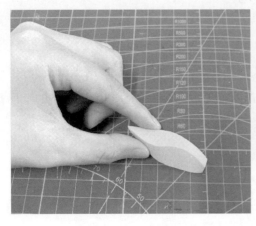

图 4-3-32　折线折技法

图 4-3-33　折线折效果

图 4-3-34　层叠技法效果

图 4-3-35　层叠技法效果

⑤ 曲面技法：弯折和卷曲结合

先用剪刀剪出图形，再用小木棍或笔等工具将其压弯形成弧面。这种技法多用于制作花瓣、翅膀等，增强图形的立体效果。也可以用球形棒或头部为光滑曲面的工具对纸的边缘部分进行按压，使其弯曲，呈现立体感，一般用于制作花蕊、眼睛等边缘较为光滑的图形。

图 4-3-36　弯折技法

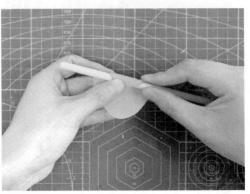

图 4-3-37　卷曲技法

⑥ 曲面技法：曲面与折线结合

先用剪刀剪出图形外轮廓，再用小刀刻划，沿着刻出来的线折出较为明显的分界线，其余部分用铅笔等工具将其弯曲，最终完成制作。

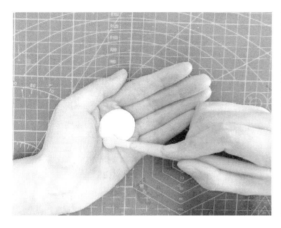

图 4 - 3 - 38　按压技法

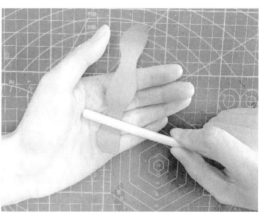

图 4 - 3 - 39　完成效果

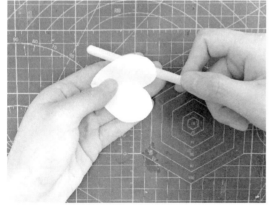

图 4 - 3 - 40　曲面与折线结合效果

图 4 - 3 - 41　完成效果

⑦ 曲面技法：曲面与层叠结合

曲面与层叠结合，将两张或多张纸在进行过弯、压、卷后进行组合，如花蕊部分可以用压的技法，花瓣部分用弯的技法，再进行组合。

⑧ 曲面技法：卷曲

用细棍将剪成细条的纸进行卷曲或粘住纸条的一端开始旋转卷出螺旋状，形成丰富的立体效果。

图 4 - 3 - 42　曲面与层叠结合效果

图4-3-43　向外翻卷技法

图4-3-44　中心卷曲技法

⑨ 扇折技法

扇折是在段折的基础上制作出的一种效果。段折是指利用正折和反折技术法,折出侧边为锯齿形的效果,后将折好的图形从中间对折,并进行粘贴而成扇形。

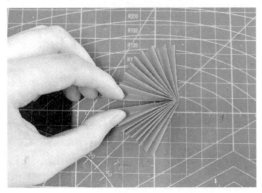

图4-3-45　扇折技法

图4-3-46　扇折技法效果

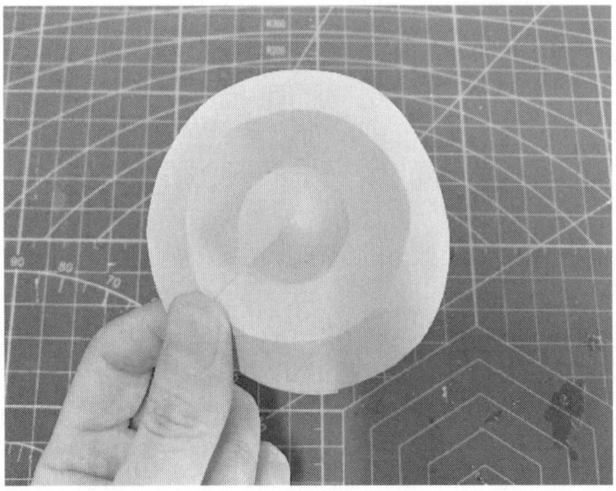

⑩ 圆锥技法

圆锥技法是先在纸上剪出合适的扇形图案,再用小刀刻出曲线后进行正反交替曲线折,最后将其两端粘贴固定。

⑪ 穿编折技法

穿编是利用经线、纬线交替穿插,编制而成的一种技法。制作时,需要先用剪刀将主体图形剪成粗细相等的细条(一端不剪断),再剪出多条粗细相等的细纸条,利用经纬交

图4-3-47　圆锥技法

错的方法编织图形。

⑫ 风车技法

风车技法是在一张正方形纸上，沿着对角线剪出四条切口（距离圆心留一段距离），将剪出后形成的三角形中的一个角折向圆心并固定，完成风车造型的制作。

图4-3-48 穿编技法

图4-3-49 风车技法

⑬ 组合折技法

扇折技法与圆锥技法的组合：利用扇折技法将长条纸段折叠后进行粘贴固定成圆形，利用圆锥技法制作圆心造型，并将其组合固定。

穿编技法与圆锥技法的组合：利用圆锥技法制作花朵的花瓣部分，穿编技法制作出花蕊部分，并将其组合完成造型。

图4-3-50 折扇技法与圆锥技法组合效果

图4-3-51 穿编技法与圆锥技法组合效果

2.纸雕装饰画赏析

图4-3-52　纸雕装饰画——海边　　　　图4-3-53　纸雕装饰画——池塘

(四) 综合材料装饰技法

综合材料装饰画是通过细心收集,巧妙利用生活中的废旧材料,经过剪、刻、拼贴等工序制作而成的装饰性绘画。

1.综合材料装饰画的意义

随着环境保护意识的日益加强,托育机构越来越多地用日常生活中的废旧材料来进行装饰。利用综合材料不仅可以使得一些物品循环再利用,还可以增强婴幼儿的环保意识。利用废旧材料可以减少材料购买的支出,节约成本,而且利用富有创意的废旧物品用于装饰,可以达到意想不到的效果。

2.综合材料装饰画的选材

多选用生活中常见的材料,较易加工的材料。综合材料装饰是在照护环境墙面中运用

图4-3-54　综合材料装饰效果

较多的一种装饰手法,这种装饰不仅能给人强烈的视觉感受,也因为使用材质的多样性,增加了趣味性及互动性。

（1）纸张类材料

如各种软纸、硬纸、皱纸、瓦楞纸、美术卡纸、植绒纸、吹塑纸、报纸、画报、糖纸等,还包括各种纸袋、纸箱、鞋盒、饮料盒等包装材料。

图4-3-55　多种纸材料装饰效果　　　　　　图4-3-56　纸模具装饰效果

（2）天然材料

如竹子、草秆、麦秸、花瓣、树叶、蛋壳、羽毛、砂、石子等。

图4-3-57　天然材料主题墙面设计

（3）纺织材料

如碎布、毛线、绒布、斜纹布、丝绸布、牛仔布、粗麻布等。

（4）其他材料

如废旧纸箱、光碟、绳子、纸袋、瓶子等。

图4-3-58　纺织材料主题墙面设计

图4-3-59　其他材料主题墙面设计

第四节　婴幼儿玩教具在照护环境中的应用

一、婴幼儿玩教具与婴幼儿照护环境

婴幼儿的玩教具与照护环境是照护人员根据婴幼儿身心发展规律和特点精心设计和布置的,有利于婴幼儿身心健康成长和潜能开发。婴幼儿的照护内容包括三项:

第一,满足婴幼儿的生理需求,如安排好饮食和睡眠。

第二,以培养婴幼儿良好生活习惯为目标,有计划地安排好休息和活动,开展符合年龄特征的运动锻炼和游戏活动,帮助婴幼儿建立良好的生活作息。

第三,在婴幼儿被照护期间,创造设计适当的玩教具,应用活动,营造合理的照护环境,促进婴幼儿身心健康发展。

二、婴幼儿照护环境中的玩教具配置

(一) 婴幼儿玩教具配置要遵循安全标准

玩具安全标准是针对各种玩具的安全性制定的标准,以法规的形式强制玩具制造企业执行。由于某些玩具存在不安全因素,因此世界许多国家都制定了玩具安全标准。玩具须经检验,要符合安全标准,在产品上注明标记,否则不准生产和销售。

2003 年 10 月,国家质量监督检疫总局、国家标准化管理委员会发布《国家玩具安全技术规范》,并于 2004 年 10 月 1 日正式实施。2014 年《国家玩具安全技术规范》修订为《玩具安全》,规定了玩具产品必须遵循机械物理性能、燃烧性能、小零件要求、可迁移化学元素等强制性技术要求,并要求加以标识和说明。

(二) 选购和使用玩教具的注意事项

一是选择与婴幼儿的年龄与能力相适合的产品,按照说明书指导婴幼儿使用玩教具。注意玩教具是否有安全认证标志或其他认证标志,不选择"三无"产品。

二是用手摸摸或捏捏玩教具是否坚固,是否有非功能性的尖角或锐边,是否存在危险的孔隙(安全的孔隙应是小于 5 毫米或大于 12 毫米),是否存在或可能存在会拆落的小部件,有小部件的产品不适用 3 岁及以下的婴幼儿。

三是用鼻子闻一闻玩教具是否存在严重的异味或刺激性的气味,不选择有严重异味或刺激气味的产品。

四是咨询并试用。购买玩教具时应试用一下玩教具并向销售人员咨询玩教具的功能,了解其可能的危险,合理选购适宜婴幼儿的玩教具。

五是不可或缺的监护与指导。新购买的玩教具,给婴幼儿使用前,成人一定要仔细阅读说明书,尤其是要关注其警告用语和注意事项,及时丢掉不必要的包装,并妥善保管说明书。

六是适度地维护和保养。已经使用了一定时间的玩教具,要注意定期清洁与保养,如布绒玩教具就需要定期清洁与消毒,各种童车需要定期检查,以确保婴幼儿玩耍过程中的安全。

(三) 婴幼儿玩教具的合理应用

玩教具在婴幼儿的日常生活中必不可少,但是如何配置玩教具,配置怎样的玩教具需要我们思考。

1. 玩教具在家庭亲子互动环境中的应用

玩是婴幼儿的天性,玩教具陪伴着婴幼儿成长。那么,在家庭中使用玩教具应该注意什么呢?

图 4-4-1 客厅的围栏

图 4-4-2 家中阅读区域

（1）区域相对固定

不同的区域有不同作用。在规定区域从事固定活动有利于婴幼儿建立良好的习惯,保证活动持续有效地进行,便于整理和管理;也有利于让婴幼儿形成良好的行为习惯。比如,就餐区域放置饭兜和宝宝椅,阅读区域放置书籍等。

（2）便于分类及整理

收拾整理玩具,根据婴幼儿不同阶段的发展需要,合理提供玩教具。每次游戏后,教育婴幼儿把玩具分类收纳在固定的盒子里,有意识地培养婴幼儿秩序感。

月龄较小的婴幼儿的照护场所主要是床,可选用一些颜色鲜艳、声音悦耳、造型精美的既能看又能听的吊挂玩具装饰小床,如彩色小动物、彩条旗、小灯笼、摇铃等。

注意:由于婴儿的视距有限,要将吊挂的玩具悬挂在婴儿的床头及周围,把婴儿的床用柔软的布围起来,避免放置硬的玩具。

也可以利用沙发等家具围出一块活动区域,在地上铺上垫子或毯子,让婴幼儿翻滚、爬行,也可引导婴幼儿扶着围栏站立或移动。

在房间的一角摆放一个书架,放置绘本即可作为婴幼儿的阅读区域,作为阅读区域;还可以利用阳台或院子等空地进行角色扮演游戏,如医院看病或早餐店用餐,家人和婴幼儿一起进行扮演互动。

家中角色扮演区域　　　　　　　　　　　　　家中游戏桌的应用

2. 玩教具在托育机构中的应用

托育机构包括托儿所、早教中心等,会开展符合婴幼儿年龄特点及发展规律的相应课程,这些课程的开展需要借助玩教具来进行。婴幼儿的年龄特点决定了他们注意力集中时间较短,不能长时间专注于听讲,更适合用探索和尝试的方法来获得经验及习得能力,如婴幼儿在使用玩教具时,需要通过反复多次的尝试来达到解决问题、获得经验的效果。

3. 玩教具在社区婴幼儿照护服务环境中的应用

随着生活条件的日益提高,社区的规划和建设越来越科学,社区婴幼儿照护服务也日趋完善,玩教具在社区中的应用主要体现在以下几方面。

（1）社区活动中心

社区内的活动中心是以社区为服务对象的综合休闲娱乐场所,其中以婴幼儿为主体参与的环境主要分为阅读区域、桌面游戏区域、大型玩具区域等,按照场地的不同可以分为室内和室外两大类。

图4-4-3　社区活动中心阅读区域　　　　　　图4-4-4　社区活动中心桌面游戏区域

　　阅读区域主要提供婴幼儿阅读的书籍和座位,让婴幼儿可以在其中阅读。桌面游戏区域主要提供桌面游戏材料,如积木、沙盘、棋类游戏、配对游戏等。大型玩具区域一般都在室外,主要提供组装的滑梯、攀爬玩具。室内可摆设给小年龄段婴幼儿玩耍的简易滑梯、摇摇马、秋千等。

　　(2)社区游乐场

　　2009年国务院颁布的《全民健身条例》提出,要加强社区等基层公共体育设施建设的投

图4-4-5　社区攀爬玩具　　　　　　　　　图4-4-6　社区吊床玩具

图4-4-7　社区滑梯玩具　　　　　　　　　图4-4-8　社区摇摇马玩具

图4-4-9　社区户外玩沙区域

入，促进全民健身事业均衡协调发展。很多地方政府纷纷提出，社区至少开辟一块楼间空地作为儿童健身娱乐活动区，并添置滑梯、秋千、气垫蹦床等健身娱乐设施，全天为社区儿童免费开放，使社区儿童包括贫困家庭的儿童都能够在家门口就得到锻炼。社区应对娱乐器械进行日常管理和报修，为社区儿童提供长期的娱乐服务。

三、婴幼儿玩教具的使用要富有创意

婴幼儿的玩教具设计与制作不仅需要了解婴幼儿各个年龄段生长发育的特点，还要考虑综合的手工技能。

以下几款玩教具应用活动取材便捷，简单易行，富有创意，可启发我们打开婴幼儿玩教育制作设计和应用活动的思路，使玩教具在应用活动中促进婴幼儿各种能力的发展，而富有创意的玩教具应用活动，可以更好地达到教养的目的，收到更好的活动效果。

（一）挤压海绵

海绵和水都是很好的感官材料，两者组合在一起不仅能锻炼婴幼儿的手部抓握力量，还可以鼓励婴幼儿用海绵来吸水，再将水挤压到另一个容器里，直到容器里装满水，锻炼其专注力。

（二）螺丝螺帽配对

提供不同大小的木质螺丝和螺帽，婴幼儿在操作时不仅要顺利将螺丝拧进螺帽，还要在所有螺丝与螺帽打乱的情况下进行配对。

图 4-4-10 螺丝螺母配对　　　　　　图 4-4-11 小小理发师

（三）小小理发师

在卫生纸纸筒芯上画上笑脸，再在纸筒内粘贴上一张彩纸，引导幼儿为其"理发"。用这

种方法练习使用剪刀，既安全，又有趣。

图 4-4-12　滴管玩水

（四）滴管玩水

滴管是一个很好的练习手指力量和手眼协调能力的工具，在不断的练习中，婴幼儿可以学会如何让手指相互配合来吸水和滴水；也可以用滴管来调和颜色，如红色和黄色调和后变成橙色。

（五）惊喜盒子

找一个废旧的无盖盒子，选一块尺寸合适的布料遮住盒子，用胶枪粘好，再用刻刀划开可以将手伸进去的洞，一个惊喜盒子就做好了。在看不到盒子里物品的情况下，引导婴幼儿用手来触摸，用语言来描述，最终猜出盒子里的物品是什么。

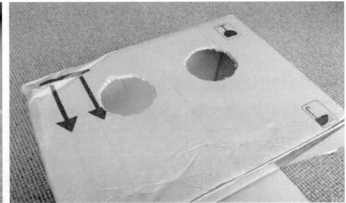

图 4-4-13　惊喜盒子制作工具

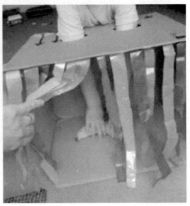

图 4-4-14　惊喜盒子道具

（六）感知气球

将气球里装入不同材质的物品，去挤压、感知，可以称它们为"感知气球"，再普通不过的物品装在气球里，就变得不再容易识别，是个简单却又有趣的游戏。

图 4-4-15　幼儿感知气球

图 4-4-16　幼儿玩面粉泥巴

（七）面粉泥巴

将面粉与水混合搅拌在一起，制作出独特的"面粉泥巴"，鼓励婴幼儿把手伸到"泥巴"里面去抓、去捏，说出触摸到的感觉。

（八）五子棋与图形

事先在纸上画出几何形状，让婴幼儿用五子棋沿线摆放。这个小游戏可以让婴幼儿对线条以及几何形状有更直观的感觉，同时也锻炼了手的精细动作和专注力。

图 4-4-17　幼儿玩五子棋

图 4-4-18　印章画

（九）印章画

这是一个几何图形与艺术启蒙相结合的游戏，让婴幼儿通过拓印的方式把三维立体积木的平面形状印在画纸上,感受平面与立体之间的转换。

(十)形状配对

找出家中常见的物体,在纸上描出其轮廓,引导婴幼儿根据形状与相应物品配对。对于婴幼儿来说,形状的匹配较为容易,但说出名称比较难,在他们形状知觉快速发展的阶段,用游戏的方式可以帮助他们学会为形状命名。

图4-4-19 形状配对游戏

(十一)数字与数量配对

找一副纸牌,背面朝上,让幼儿随机选出一张,读出上面显示的数字,然后根据数字一个一个夹上夹子,每夹一个夹子,就和幼儿一起数一个数字,一直数到正确的数量为止。

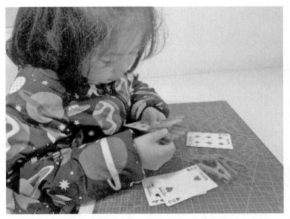

图4-4-20 数字与数量配对

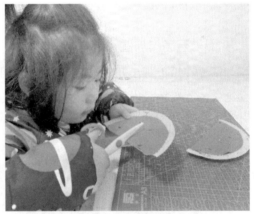

图4-4-21 平分"西瓜"

(十二)平分"西瓜"与"比萨"

用一次性纸盘做出西瓜和比萨的造型,并借助测量工具把西瓜和比萨分别成两等分、三等分和四等分。在游戏过程中,引入了"和妈妈爸爸分西瓜"的故事情节,帮助幼儿更好地理解"平分""整体与部分"的概念。

思考题:

1. 请阐述婴幼儿照护环境的内涵、特点。

2. 结合婴幼儿玩教具应用环境设计要求,分别设计 2—3 个婴幼儿游戏,注明适用年龄阶段、游戏目标及玩法。

3. 请你谈谈科学创设托幼照护环境对婴幼儿成长的意义。

4. 婴幼儿照护环境创设有哪些要求?

5. 请结合实例谈谈婴幼儿照护环境墙面设计要点是如何体现的。

6. 请结合婴幼儿照护环境墙面设计要点设计一款互动墙。

7. 请讨论还有哪些材料可以用于婴幼儿照护环境墙面制作,并说明原因。

8. 结合玩教具配置的要求及原则,谈谈应该给 2—3 岁幼儿配置哪些玩教具。

9. 请你为 1—2 岁幼儿设计并制作一款玩教具,并说明玩法及设计意图。

10. 请讨论社区玩教具存在的意义及改善意见。

附录

附录 1　国家卫生健康委员会《托育机构保育指导大纲(试行)》(节选)

发展方面	相关要点	月　　龄		
		7—12 个月	13—24 个月	25—36 个月
认知	目标	1. 充分运用各种感官探索周围环境,有好奇心和探索欲。 2. 逐步发展注意、观察、记忆、思维等认知能力。 3. 学会想办法解决问题,有初步的想象力和创造力。		
	保育要点	1. 提供有利于视、听、触摸等材料,激发婴儿的观察兴趣。 2. 鼓励婴儿调动各种感官,感知物体的大小、形状、颜色、材质等。 3. 引导婴儿观察周围的事物,模仿所看到的某些事物的声音和动作。	1. 引导幼儿运用各种感官探索周围环境,逐步发展注意、记忆、思维等认知能力。 2. 鼓励幼儿辨别生活中常见物体的大小、形状、颜色、软硬、冷热等明显特征。 3. 鼓励幼儿在操作、摆弄、模仿等活动中想办法解决问题。	1. 引导幼儿运用各种感官反复持续探索周围环境,逐步巩固和加深对周围事物的认识。 2. 启发幼儿观察辨别生活中常见物体的特征和用途,进行简单的分类,并感受生活中的数学。 3. 培养幼儿在感兴趣的事情上能够保持一定的专注力。 4. 通过各种游戏和活动,鼓励幼儿主动思考、积极提问并大胆猜想,激发幼儿的想象力和创造力。
	指导建议	1. 创设环境,促进婴幼儿通过视、听、触摸等多种感觉活动与环境充分互动,丰富认识和记忆经验。 2. 保护婴幼儿对周围事物的好奇心和求知欲,耐心回应婴幼儿的问题,鼓励他们自己寻找答案。 3. 在确保安全健康的前提下,支持和鼓励婴幼儿的主动探索。		
动作	目标	1. 掌握基本的大动作技能。 2. 达到良好的精细动作发育水平。		
	保育要点	1. 鼓励婴儿进行身体活动,尤其是地板上的游戏活动。 2. 鼓励婴儿自主探索从躺位变成坐位,从坐位转为爬行,逐渐到扶站、扶走。 3. 提供适宜的玩具,促进抓、捏、握等精细动作发育。	1. 鼓励幼儿进行形式多样的身体活动,为幼儿提供参加爬、走、跑、钻、踢、跳等活动的机会。 2. 提供多种类活动材料,促进涂画、拼搭、叠套等精细动作发育。 3. 鼓励幼儿自己喝水,用小勺吃饭,自己翻书等。	1. 为幼儿提供参加走直线、跑、跨越低矮障碍物、双脚跳、单足站立、原地单脚跳、上下楼梯等活动的机会。 2. 提供多种类活动材料,促进幼儿搭建、绘画、简单手工制作等精细动作发育。 3. 鼓励幼儿自己用水杯喝水,用勺吃饭,协助收纳。

发展方面	相关要点	月　龄		
		7—12个月	13—24个月	25—36个月
	指导建议	1. 在各个生活环节中,创造丰富的身体活动环境,确保活动环境和材料安全、卫生。 2. 充分利用日光、空气和水等自然条件,进行身体锻炼,保证充足的户外活动时间。 3. 安排类型丰富的活动和游戏,并保证每日有适宜强度、频次的运动活动。做好运动中的观察及照护,避免发生伤害。 4. 关注患病婴幼儿。处于急慢性疾病恢复期的婴幼儿,及时调整活动强度和时间;发现运动发育迟缓婴幼儿,给予针对性指导,及时转介。		
语言	目标	1. 对声音和语言感兴趣,学会正确发音。 2. 学会倾听和理解语言,逐步掌握词汇和简单的句子。 3. 学会运用语言进行交流,表达自己的需求。 4. 愿意听故事、看图书,初步发展早期阅读的兴趣和习惯。		
	保育要点	1. 经常和婴儿说话,引导其对发音产生兴趣,模仿和学习简单的发音。 2. 向婴儿复述生活中常见物品和动作,帮助其逐渐理解简单的词汇。 3. 引导婴儿使用简单的声音、表情、动作、语言表达自己的需求。 4. 为婴儿选择合适的图画书,为其朗读简单的故事或儿歌。	1. 培养幼儿正确发音,逐步将语言与实物或动作建立联系。 2. 鼓励幼儿模仿和学习使用词语或短句表达自己的需求。 3. 引导幼儿学会倾听并乐意执行简单的语言指令,积极使用语言进行交流。 4. 提供机会让幼儿多读绘本,多听故事,学念儿歌。	1. 指导幼儿正确地运用词语说出简单的句子。 2. 鼓励幼儿用语言表达自己的需求和感受。 3. 创造条件和机会,使幼儿多听、多看、多说、多问、多想,谈论生活中的所见所闻。 4. 培养幼儿阅读的兴趣和能力,学讲故事,学念儿歌。
	指导建议	1. 创设丰富和有应答的语言环境,提供正确的语言示范,保持与婴幼儿的交流与沟通,引导其倾听、理解和模仿语言。 2. 为不同月龄婴幼儿提供和适合的儿歌、故事和图画书,培养早期阅读兴趣和习惯。 3. 关注语言发展迟缓的婴幼儿,并给予个别指导。		
情感与社会性	目标	1. 有安全感,能够理解和表达情绪。 2. 有初步的自我意识,逐步发展情绪和行为的自我控制。 3. 与成人和同伴积极互动,发展初步的社会交往能力。		
	保育要点	1. 观察了解不同月龄婴儿的需要,把握其情绪变化,尊重和满足其爱抚、亲近、搂抱等情感需求。 2. 引导婴儿理解和辨别高兴、喜欢、生气等不同情绪。 3. 敏感察觉婴儿情绪变化,理解其情感需求并及时回应。 4. 创设温暖、愉快的情绪氛围,促进婴儿交往的积极性。	1. 引导幼儿用表情、动作、语言等方式表达自己的情绪。 2. 培养幼儿愉快的情绪,及时肯定和鼓励幼儿适宜的态度和行为。 3. 拓展交往范围,引导幼儿认识他人不同的想法和情绪。 4. 引导幼儿理解并遵守简单的规则。	1. 谈论日常生活中幼儿感兴趣的人和事,引导其通过语言和行为等方式表达情绪情感。 2. 鼓励幼儿进行情绪控制的尝试,指导其学会简单的情绪调节策略。 3. 创设人际交往的机会和条件,使幼儿感受与人交往的愉悦。 4. 帮助幼儿理解和遵守简单的规则,初步学习分享、轮流、等待、协商,尝试解决同伴冲突。
	指导建议	1. 观察了解每个婴幼儿独特的沟通方式和情绪表达特点,正确判断其需求,并给予及时、恰当的回应。 2. 与婴幼儿建立信任和稳定的情感联结,使其有安全感。 3. 建立一日生活和活动常规,开展规则游戏,帮助婴幼儿理解和遵守规则,逐步发展规则意识,适应集体生活。 4. 创造机会,支持婴幼儿与同伴和成人的交流互动,体验交往的乐趣。		

附录 2　婴幼儿玩教具配置示例

0—3 个月婴儿

1. 悬挂玩具——发展视觉能力、听觉能力。

2. 彩色脸谱或图片——发展视觉能力加深对人的认识。

3. 摇响玩具、音乐玩具——发展听觉能力、抓握能力,愉悦心情。

4. 能发出声音的手镯、脚环——发展全身动作,初步理解因果关系。

4—6 个月婴儿

1. 抓握类玩具——发展手眼协调能力,因果关系。

2. 电动玩具——发展听觉能力、认知能力。

3. 能发出声音的填充玩具——发展听觉能力、认知能力、社会行为、身体动作因果关系。

4. 积木——发展手眼协调能力、精细动作。

7—9 个月婴儿

1. 不倒翁——发展精细动作理解因果关系。

2. 积木——发展精细动作、手眼协调。

3. 皮球——练习坐、爬行等动作。

4. 各类造型玩具(娃娃、动物、交通工具等)——发展认知能力。

5. 拖拉玩具——锻炼大肌肉动作,理解因果关系。

6. 摇马、木马——促进骨骼发育。

10—12 个月婴儿

1. 积木、积塑——发展手部小肌肉。

2. 动物玩具、人物玩具——发展语言、认知能力。

3. 音乐玩具(玩具琴等)——听觉刺激,促进手眼协调,理解因果关系。

4. 小推车、拖拉玩具——练习站立、行走。

5. 形状分类玩具——发展形状概念,建立初步分类概念。

1—2 岁幼儿

1. 套叠玩具——促进手眼协调,大小概念,理解因果关系。

2. 积木、积塑——促进手部动作发展,发展空间概念。

3. 运动器械(滑梯、秋千、攀登架等)——发展大肌肉动作,锻炼勇气。

4. 串珠——锻炼手部小肌肉精细动作、手眼协调能力,提高专注力。

2—3 岁幼儿

1. 手推车、三轮童车、大皮球——全身运动,提高动作协调性。

2. 镶嵌、拼图玩具、积木——锻炼小肌肉,发展形状概念、空间推理能力。

3. 动物玩具、电动玩具——发展感知觉能力、语言能力。

4. 角色游戏玩具(如娃娃家、医院用具)——熟悉社会生活。

5. 益智类声音玩具 ——促进认知及语言的发育

主要参考文献

1. 陈雅芳,王颖蕙.0—3岁儿童玩具与游戏[M].上海:复旦大学出版社,2014.

2. 甄丽娜.学前儿童认知发展与教育[M].北京:北京师范大学出版社,2019.

3. 靳桂芳.幼儿园教玩具设计与制作[M].上海:华东师范大学出版社,2018.

4. 钱文.0—3岁儿童社会性发展与教育[M].上海:华东师范大学出版社,2019.

5. 张明红.0—3岁儿童语言发展与教育[M].上海:华东师范大学出版社,2017.

6. 文颐,王萍.0—3岁婴幼儿保育与教育[M].北京:科学出版社,2017.

7. 周年丽.0—3岁儿童心理发展[M].上海:复旦大学出版社,2017.

8. 刘焱.儿童游戏通论[M].北京:北京师范大学出版社,2014.

9. 李爽,靳桂芳.玩教具在儿童发展中的价值[J].艺术教育,2012(12):192.

10. 杜娇,张婷婷.玩具在当代儿童发展中的价值[J].东方娃娃·保育与教育,2019(1):18-19.

11. 黄进.论儿童玩具的价值[J].教育导刊,2006(7):11-14.

12. 王慧娴.2—6岁儿童玩具设计的价值观体现研究[D].北京:北京理工大学,2016.

图书在版编目（CIP）数据

婴幼儿玩教具制作与环境创设 / 张克顺，金红莲主编. — 上海：上海教育出版社，2022.11（2024.7重印）
ISBN 978-7-5720-0994-5

Ⅰ.①婴… Ⅱ.①张…②金… Ⅲ.①幼儿园－自制玩具②幼儿园－自制教具 Ⅳ.①G614

中国版本图书馆CIP数据核字(2022)第213710号

责任编辑　时　莉
封面设计　赖玟伊

婴幼儿玩教具制作与环境创设
张克顺　金红莲　主编

出版发行　上海教育出版社有限公司
官　　网　www.seph.com.cn
地　　址　上海市闵行区号景路159弄C座
邮　　编　201101
印　　刷　上海昌鑫龙印务有限公司
开　　本　787×1092　1/16　印张 8.25
字　　数　160 千字
版　　次　2022年11月第1版
印　　次　2024年7月第2次印刷
书　　号　ISBN 978-7-5720-0994-5/G·0781
定　　价　29.80 元

如发现质量问题，读者可向本社调换　电话：021-64373213